edite भारत antónio

Durgā

(ou la Compassion de la Déesse)

Bénédictions de Brahmā 2

Durgā karuṇā
(ou la Compassion de la Déesse)
Bénédictions de Brahmā
Tome 2

edite भारत antónio
Édité par © la Ville en Rose
mail : lavilleenrose22@gmail.com

ISBN : 978-2487497-34-4
Dépôt légal : avril 2025
Couverture et photos : Pixabay

Les références bibliographiques sont les ouvrages suivants :
- *Purāṇic Encyclopaedia* de Vettam Mani,
- *Héritage du Sanskrit* de Gérard Huet.

Impression : Libri Plureos GmbH, Friedensallee 273, 22763 Hamburg (Allemagne)

Atha yadidamasminbrahmapure daharaṁ
puṇḍarīkaṁ veśma daharo’sminnantarākāśastasmin
yadantastadanveṣṭavyaṁ tadvāva vijijñāsitavyamiti

अथ यदिदमस्मिन्ब्रह्मपुरे दहरं
पुण्डरीकं वेश्म दहरोऽस्मिन्नन्तराकाशस्तस्मिन्य
दन्तस्तदन्वेष्टव्यं तद्वाव विजिज्ञासितव्यमिति

Dans la citadelle de ta création,
il y a un petit palais : une fleur de lotus.

Désire chercher à sa lisière ;
Enquête dans ce minuscule espace dans ton Cœur ;

Trouves-y le chant de ta propre victoire.

Sommaire

Sommaire 4

Introduction..6

Avant-propos..12

Les légendes, les māyās..............................12

Le bureau des légendes, la trimūrti...........13

L'aire de Jeu : les 7 mondes........................14

La danse des joueurs..................................16

Les 108 noms..19

La naissance de Brahmā.............................21

Le rôle et l'âge de Brahmā.........................41

La demeure et les créations de Brahmā.....61

Les fils de Brahmā.......................................81

Brahmā et brahmanes...............................103

Brahmā et la géante Karkkaṭī...................123

Durgā en tant que Sarasvatī........................145

La rivière Sarasvatī 171

Durgā en tant que Sāvitrī / Gāyatrī...........189

Lexique du brahmane........................210

Lexique de Brāhmī 220

Lexique de Brahmā............................233

Conclusion...260

Lire et écrire le Sanskrit....................263

L'alphabet sanskrit......................................263

Les syllabes simples...................................264

Les ligatures usuelles.................................266

La prononciation..268

Livres édités...270

Remerciements.....................................272

Introduction

Ce livre fait suite au premier tome de *Durgā karuṇā (ou la Compassion de la Déesse) 1. Danse avec Śiva*. Il peut être lu séparément, mais il est souhaitable de lire le tome précédent pour se familiariser avec le monde du Sanskrit.

Dans le dictionnaire *Héritage du sanskrit*, la définition du sanskrit est la suivante :

> संस्कृत *saṃskṛtá* [pp. *saṃskṛ*] a. m. n. f. *saṃskṛtā* consacré, purifié, propre ; raffiné, soigné ; paré ; régulier ; parfait — n. sanskrit, langage raffiné, langage correct ; langue parfaite ; langue sacrée

Son raffinement invite à déployer la subtilité et l'humilité. Le temps n'a pas de prise dans la découverte de cette langue atemporelle. Elle vient chercher profondément les investigateurs en quête d'eux-mêmes.

Avec *Durgā karuṇā*, nous dansons sur un air cosmique. Mais d'abord, qui est Durgā ? Le dictionnaire Héritage du sanskrit propose la définition suivante :

> दुर्ग *durga* [*dus-ga*$_1$] a. m. n. f. *durgā* d'un accès difficile, inaccessible, impénétrable, inabordable — m. n. passage difficile, dangereux ; forteresse, citadelle, place forte | difficulté, obstacle, danger, calamité, détresse — f. cf. *durgā*.

Cette définition rebute dès le départ, mais tenons bon, et poursuivons l'investigation :

Durgā दुर्गा

dus	दुस्	mal, mauvais, dangereux, difficile, inférieur
gā	गा	qui va à, qui est dans ; qui se meut dans chant

«Inaccessible»

Prenons le temps de la méditation pour comprendre la Puissance «Inaccessible» de Durgā. Quand tout est difficile, dangereux ou calamité, Durgā est celle qui va dans ces ténèbres. Durgā est celle qui s'y meut dans une danse époustouflante. Durgā est celle qui y chante pour dissiper l'ignorance.

Un jour de grande obscurité, Durgā part en guerre avec les armes de tous les dieux réunis. Elle devient la puissance de l'ensemble des déesses, protégée par l'ensemble des dieux. Cette danse des plus extrêmes révèle alors tous les aspects de la Déesse, des plus merveilleux aux plus terrifiants.

Durgā est donc à la fois la Création, la Préservation et la Destruction de toute chose, dans une danse majestueuse.

Durgā est un aspect suprême de la Grande Vie. Une Énergie Universelle.

Et karuṇā करुणा ? Qu'est-ce que la compassion ?

Dans la philosophie védique, la compassion est une qualité morale, une conduite pieuse, une brahmavihāra «promenade du brahman».

L'étymologie de karuṇā est le mot racine kṛ, un verbe du karma yoga, l'action juste. Ce verbe d'action signifie préparer, faire, créer, accomplir ; exprimer, montrer (un sentiment tel que la compassion), rendre à.

En français, kṛ a donné le mot créer.

Durgā karuṇā est donc une puissance cosmique qui exprime au travers de ses danses ce sentiment de compassion pour créer et rendre.

Mais créer quoi ? Rendre à qui ?

Ça tombe bien, Brahmā ब्रह्मा est un Créateur.

Un Créateur Cosmique.

Quelle création Durgā et Brahmā nous offrent-ils ? Quelle beauté est, cette fois, l'Être et l'Existence réunis ?

C'est au rythme des 108 noms de Brahmā, égrenés comme un chapelet himalayen, que la création prendra forme. Et cette création commence par le Verbe. La Parole.

La Parole qui danse au bout de la langue, qui chante, qui tranche parfois, qui joue son rôle universel au service de la Vie. La Grande Vie.

Durgā karuṇā raconte la sagesse ancestrale à l'origine des Temps et des Mythologies, et nous fait cheminer dans l'antre des dieux et de leurs créations.

Que commence la danse de la Parole avec les bénédictions de Brahmā et la compassion de Durgā !

Silence ! Musique !

अथातो ब्रह्म जिज्ञासा !

Athāto brahma jijñāsā !

Maintenant commence l'investigation du brahmane !

edite भारत antónio

À **Brahmā** ब्रह्मा et à **Sarasvatī** सरस्वती

À Mes Enfants et **Durgā** दुर्गा

À **Karkkaṭī** कर्क्कटी et les 2 **Forestiers**

Have Faith. Everything depends on Faith.

Avant-propos

Les légendes, les māyās

Les māyās माया constituent le **monde des illusions**, des apparences. C'est une illusion vaste et variée dans laquelle la conscience joue à se révéler. C'est la matière première des mondes à laquelle la Conscience Universelle donne forme.

Cette **Conscience Universelle** trouve naturellement son équilibre avec ses 3 grandes puissances constituantes : la Création, la Préservation et la Destruction. C'est une **danse harmonieuse** entre les 3 puissances qui permet l'évolution du Tout. Comme le cycle de la vie, à l'échelle cosmique.

Ces 3 puissances sont déifiées et personnifiées, afin de créer des māyās à l'échelle terrestre pour éveiller et faire évoluer la **conscience humaine**.

Ces 3 puissances ont de très grands pouvoirs universels et peuvent aisément changer d'aspects ou de visages selon les diverses māyās. La grande Vie sert la Conscience Universelle sous toutes ses formes. Ces 3 puissances créatrices s'appellent la Trimūrti.

Le bureau des légendes, la Trimūrti

Oṁ ॐ est une syllabe sacrée, symbole de la trinité. La trinité est appelée en sanskrit Trimūrti त्रिमूर्ति «qui a trois formes».

Elle se compose de :

Brahmā ब्रह्मा, Viṣṇu विष्णु et Śiva शिव.

On peut aussi l'associer

* à l'état de **veille** jāgrat जाग्रत्

* au **rêve** svapna स्वप्न

* au **sommeil profond** suṣupti सुषुप्ति.

(en sachant qu'il y a un 4ième état de silence : la **libération** turīya तुरीय)

La Trimūrti joue à la création (Brahmā), la préservation (Viṣṇu) et la destruction (Śiva).

L'aire de Jeu : les 7 mondes

Les acteurs jouent à se chamailler dans une vaste aire de jeux. Les māyās se déroulent en simultané dans les différents mondes.

Les joueurs sont souvent maudits et «rétrogradés» dans les mondes inférieurs. Bien sûr, tout est conscience. C'est-à-dire que les punitions sont, en réalité, une parenthèse pour grandir. C'est comme si l'espace-temps était étiré pour travailler un aspect particulier de la conscience pour une plus grande **harmonie dans le jeu collectif** global.

<u>Les 7 mondes célestes sont les suivants :</u>

* Bhū भू la Terre, 1er monde céleste des hommes (nara नर). Dans ce monde, les joueurs s'«incarnent» pour se retrouver dans des aspects à travailler et missions à accomplir.

Ce premier monde céleste de la Terre est un monde difficile, mais il promet de grands moments pour celui qui apprend patiemment à voyager dans cette **aventure de la grande Vie**.

* Bhuvar भुवर् l'entre-ciel-et-terre, 2ème monde céleste des accomplis (siddhā सिद्धा)

* Svar स्वर् ciel de lumière, paradis d'Indra, 3ème monde céleste des dieux (deva देव)

* Maharloka महर्लोक ciel de gloire, 4ème monde céleste des sages (ṛṣi ऋषि)

* Janaloka जनलोक ciel des éminents, 5ème monde céleste des éternels (sanakādi सनकादि)

* Taparloka तपर्लोक ciel des ascètes, 6ème monde céleste des renonçants (vairāgin वैरागिन्)

* Satyaloka सत्यलोक ciel de la Vérité, paradis de Brahmā, suprême 7ème monde céleste de Oṁ ॐ

À noter que si notre petite conscience humaine ne se souvient que du premier monde, elle **voyage naturellement** dans les autres aires de jeux en découvrant petit à petit leur existence.

La danse des joueurs

Pour que le mouvement se crée, il faut un principe de **dualité**. Le jeu sera donc porté par 2 puissances d'apparence contraire : les dieux Deva देव et les titans Asura असुर. Mais tout est apparence. Tout est māyā. Aussi, faut-il garder en mémoire qu'il y a toujours une māyā plus grande qui englobe toutes les autres, la Mahāmāyā महामाया, qui assure la protection de la Vie Universelle par le respect des **Lois Universelles**.

Mahāmāyā महामाया

mahā	महा	grand, supérieur
māyā	माया	apparence, illusion

Grande apparence, Illusion suprême

Les Sages, les êtres de la nature et bien d'autres, œuvrent avec les Devas. Les ogres, vampires, démons et bien d'autres, obéissent aux Asuras. Enfin, dans le principe, parce qu'en réalité, la beauté de la danse se trouve dans le mouvement. Dans la grâce du mouvement. La grâce de l'Unité.

Les légendes permettent de créer des scénarios qui confrontent les deux camps. Les ingrédients tels que l'**intelligence** et la **subtilité** offrent parfois des rebondissements surprenants ou de simples **découvertes** d'aspects oubliés de l'être.

Rien n'est vraiment figé. Les démons peuvent et sont amenés à devenir des dieux. Et réciproquement. Il semble toutefois que cela soit plus facile et rapide dans un sens que dans l'autre. L'erreur est rapide et la réparation peut paraître plus longue.

À noter que si un démon-asura entre dans la partie, un dieu-deva de puissance équivalente y entre aussi. Et inversement, quand un dieu-deva se retire du jeu, un démon-asura de puissance équivalente se retire du jeu. L'**équilibre de la Vie** repose sur les Lois Universelles d'une perfection absolue.

Ce jeu de l'évolution de la conscience se poursuit d'ère en ère depuis la nuit des temps.

Le temps étant lui-même un paramètre de la conscience.

Une illusion de plus à transcender...

Sarasvatī namastubhyam varade kāmarūpiṇī
vidyārambham kariṣyāmi siddhirbhavatu me sadā

सरस्वती नमस्तुभ्यम् वरदे कामरूपिणी
विद्यारम्भम् करिष्यामि सिद्धिर्भवतु मे सदा

Ô Déesse Sarasvatī à l'aspect enchanteur, je Te vénère.
Alors que je commence mes études,
accorde-moi toujours la connaissance.

Les 108 noms

Les 108 noms sont des mantras très beaux.

Ce sont comme des prières qui se fondent dans la Conscience de l'Unité.

C'est comme un langage universel.

Les 108 noms de Brahmā sont harmonieusement imprégnés de la Déesse. Voici 108 noms de Brahmā, auxquelles sont distillés quelques noms de Durgā ici et là, comme une fragrance légère.

Les définitions des mots sont volontairement exhaustives pour communiquer au plus près la subtilité du sanskrit et ses niveaux de compréhension.

Reste la méditation.

brahmāṇḍa ब्रह्माण्ड

aṇḍa अण्ड œuf, testicule, dôme.

Oeuf Cosmique

En philosophie, c'est l'univers.

« Le monde reposait dans une eau pure.
Le Bhagavān (l'Être suprême) coupa l'œuf.

De celui-ci émana la syllabe sacrée « Oṁ » ॐ
puis le rayonnement glorieux du soleil en naquit.

Enfin, Brahmā, le grand-père des mondes,
naquit au centre de l'œuf. »

La naissance de Brahmā

Brahmā ब्रह्मा est l'un des trimūrtis du panthéon hindou. Les trimūrtis sont Brahmā, Viṣnu विष्णु et Śiva शिव.

Brahmā est considéré comme Dieu-créateur de l'univers. Il est mentionné dans les Purāṇas que Brahmā crée, Viṣnu préserve et Paramaśiva détruit l'univers.

La naissance de Brahmā provient du nombril de Viṣnu. Il est mentionné dans le Devi Purāṇa, Skandha 1, à propos de la naissance de Brahmā, ce qui suit :

Au début, Mahāviṣṇu महाविष्णु était allongé sur une feuille de banian et, en forme de bébé, il commença à penser : «Qui suis-je ? Qui m'a créé ? Pour quoi ? Quel est mon travail ? Où travailler ? » et ainsi de suite.

À ce moment-là, une voix éthérée répondit :

Sarvaṁ khalvidamevāhaṁ nānyadasti sanātanam
सर्वं खल्विदमेवाहं नान्यदस्ति सनातनम्

Tout ceci est Moi-même.
Exceptée Moi, rien n'est éternel.

Mahāviṣṇu fut stupéfait par cette voix éthérée. Il ne savait pas de qui venait cet oracle. Il resta néanmoins étendu, méditant sur ces paroles.

Alors Mahādevī महादेवी (un aspect de Durgā),

avec ses quatre mains et ses armes telles que Śaṅkha (conque), Cakra (roue), Gadā (massue), Padma (lotus),

ses servantes, les prospérités, portant des vêtements et des ornements glorieux,

et accompagnée des Śaktis (pouvoirs) nommées Rati, Bhūti, Buddhi, Mati, Kīrti, Dhṛti, Smṛti, Śraddhā, Medhā, Svadhā, Svāhā, Kṣudhā, Nidrā, Dayā, Gatī, Tuṣṭi, Pusṭi, Kṣamā, Lajjā, Jṛṁbhā et Tandrā,

ont comparu devant Mahāviṣṇu, qui fut émerveillé.

Mahādevī reprit :

« Ô Viṣṇu, qu'y a-t-il à s'étonner ? Chaque fois que l'univers est soumis à la création, à la préservation et à la destruction, tu nais ainsi grâce au grand pouvoir de l'Esprit Suprême. Il semble que tu aies oublié ces choses.

Sache que le pouvoir suprême est au-delà des qualités. Nous sommes tous dotés de qualités. Ta principale qualité est Sattva.

De ton nombril naîtra Brahmā. Sa principale qualité est Rajas.

Du milieu des sourcils de Brahmā naîtra Rudra, dont la principale qualité est Tamas.

Guṇa गुण dans la philosophie Sāṁkhya, une guṇa est une qualité caractérisant l'une des 3 essences de la nature :

* **Sattva**	le Bien ou Pure Essence de l'Être (pureté, vérité),
* **Rajas**	la Passion (désir, force, activité, mouvement),
* **Tamas**	la Ténèbre (obscurité, ignorance, inertie).

Ces trois qualités s'équilibrent dans les choses, dont on caractérise la nature par leurs rapports respectifs

Brahmā, avec le pouvoir de pénitence, acquerra la capacité de création et par son attribut de Rajoguna, créera le monde de la couleur du sang.

Toi, Viṣṇu, seras le conservateur de ce monde.

Ce même monde sera détruit par Rudra à la fin du Kalpa (âge du monde). »

Du nombril de Viṣṇu poussa alors un lotus et dans cette fleur de lotus Brahmā prit sa forme.

Brahmā fit alors pénitence devant Mahāviṣṇu et Jagadambā (un aspect de Durgā), qui, satisfaits de sa pénitence, lui accordèrent toutes les bénédictions qu'il désirait.

Après cela, Brahmā commença l'œuvre de Création.

Il créa avec son esprit les Saptarṣis (sept sages) puis les Prajāpatis (les seigneurs de l'émanation). C'est d'eux que tous les biens mobiles et immobiles de l'univers vinrent à l'existence. (Devi Bhāgavata, Skandha 7)

Dans le chapitre 1 du Manusmṛti, on trouve la strophe suivante sur la création de Brahmā :

tadaṇḍamabhavad haimaṁ Sahasrāṁśusamaprabhaṁ I

Tasmin jajñe svayaṁ Brahmā Sarvalokapitāmahaḥ II 1-09

तदण्डमभवद् हैमं सहस्रांशुसमप्रभं ।
तस्मिन् जज्ञे स्वयं ब्रह्मा सर्वलोकपितामहः ॥ १-०९

Ce germe (graine) devint un œuf brillant comme l'or, aussi éclatant que l'astre aux mille rayons (le Soleil),
et dans lequel l'Être Suprême naquit Lui-même sous la forme de Brahmā, l'aïeul (géniteur) de tous les êtres.

Du pouvoir suprême, un œuf tomba sur l'eau, ce qui fut la première création. Cet œuf devint un germe de couleur dorée. Se créa alors une vie, qui avait fait pénitence dans ses naissances précédentes de manière à lui permettre de devenir Brahmā, dans le germe doré de l'œuf. Le pouvoir suprême entra dans la vie qui devait devenir Brahmā comme son guide intérieur.

aṇḍaṁ hiraṇmayaṁ madhye samudraṁ rudrasya
vīryāt prathamaṁ babhūva tasmin brahmaviṣṇū
jāyete jātavedāḥ iti śrutau

अण्डं हिरण्मयं मध्ये समुद्रं रुद्रस्य
वीर्यात् प्रथमं बभूव तस्मिन् ब्रह्मविष्णू
जायेते जातवेदाः इति श्रुतौ

L'Embryon d'Or apparut en premier
au milieu de l'Océan, par l'énergie de Rudra.
En lui naquirent Brahmā et Viṣṇu.
Ensemble, ils révélèrent les Védas au Monde.

Brahmā est connu comme le Pitāmaha पितामह «Grand-père des mânes» ou «Grand-père paternel de tous les mondes».

Le chapitre 43 du Vāmanapurāṇa déclare ce qui suit à propos de la création de Brahmā :

Des siècles avant le commencement, lorsque tous les mondes avec tout ce qu'ils contenaient furent submergés dans l'océan unique du grand déluge, le germe des êtres vivants se forma en un gros œuf.

Brahmā qui était à l'intérieur de l'œuf s'endormit longtemps. Le sommeil continua pendant mille yugas (âges) lorsque Brahmā se réveilla.

Comme Sattva guṇa (pureté) était son principal attribut, il vit que le monde était vide. Lorsque la pensée de la création se présenta à son esprit, Rajoguṇa (activité) devint son principal attribut.

Rajas est l'attribut qui crée et Sattva, celui qui préserve. Au moment de la destruction, Tamoguna (obscurité) devient l'attribut le plus important.

Ce Bhagavān भगवान् (Esprit Suprême), le Puruṣa पुरुष (l'Énergie créatrice masculine) imprègne tout, de tous les mondes vivants. Cet Être éternel est Brahmā, Viṣṇu, Śiva.

Sachant que le monde reposait dans une eau pure, le Bhagavān coupa l'œuf.

De celui-ci émana l'Oṁkara (la syllabe sacrée « Oṁ » ॐ). Le premier son était «Bhūḥ», le deuxième son, «Bhuvaḥ» et le troisième son «Svaḥ». C'est ainsi qu'ils furent connus sous le nom de «Bhūrbhuvaḥ Svaḥ».

Oṁ bhūrbhuvaḥ Svaḥ
ॐ भूर्भुवः स्वः
Oṁ, par la Terre, les Mondes et le Ciel

Puis le rayonnement glorieux du soleil en naquit et Brahmā, le grand-père des mondes, naquit au centre de l'œuf.

1

Oṁ hiraṇyagarbhāya namaḥ

ॐ हिरण्यगर्भाय नमः

hiraṇya हिरण्य or, monnaie, argent, richesse, la couleur dorée. C'est aussi l'une des 7 langues d'Agni, le dieu du Feu.

garbha गर्भ fait référence à l'intérieur de quelque chose, un appartement privé, un sanctuaire. C'est la matrice, le ventre, le sein maternel. C'est le germe vivant, l'embryon, le fœtus. C'est aussi le lit du Gange quand la rivière est au plus haut ou la vapeur absorbée par la chaleur solaire, la rosée du matin jalagarbha, le dépôt consacré dans un temple en construction. D'ailleurs, l'utérus se dit garbhāśaya «lieu de repos matriciel».

hiraṇyagarbha हिरण्यगर्भा «Embryon d'or» est une épithète de Brahmā qui engendre l'Univers. En philosophie, c'est l'Esprit manifesté. Dans la mythologie, c'est un aspect du Soleil en tant que matrice-embryon d'or.

Salutations à Toi, Embryon d'Or !

2

Oṁ brahmātmabhūsurajyeṣṭhāya namaḥ

ॐ ब्रह्मात्मभूसुरज्येष्ठाय नमः

brahmā ब्रह्मा celui qui accroît.

ātmabhū आत्मभू né de son propre chef ou né de l'Esprit Suprême.

surajyeṣṭha सुरज्येष्ठ celui qui est venu à l'existence avant tous les suras (dieux)

Salutations à Toi, Qui es né de l'Esprit Suprême
avant tous les Dieux !

3

Oṁ ūrdhvalokapālāya namaḥ

ॐ ऊर्ध्वलोकपालाय नमः

ūrdhva ऊर्ध्व qui se lève ; dressé, s'élevant, élevé ; haut (voix) ; en érection (pénis) | placé au-dessus de —la direction du zénith, une des diśas.

lokapāla लोकपाल «gardien du monde», protecteur de l'Univers, roi. Un synonyme est dikpāla*.

***dikpāla** दिक्पाल protecteur de toutes les directions. Dans la mythologie, une divinité régit chacune des 8 directions de l'espace. Chacune d'elles est associée à un diggaja**.

****diggaja** दिग्गज dans la mythologie les diggajas sont des éléphants mythiques soutenant le monde en un des points cardinaux. Ils sont associés à leur éléphante-śakti :

direction :	dikpāla :	diggaja :	
Est	Indra (ou Sūrya)	Airāvata	et Abhramu
Sud-Est	Vahni-Agni	Puṇḍarīka	et Kapilā
Sud	Yama	Vāmana	et Piṅgalā
Sud-Ouest	Nirṛti (ou Sūrya)	Kumuda	et Anupamā
Ouest	Varuṇa	Añjana	et Tamrakarṇi
Nord-Ouest	Pavana-Vāyu	Puṣpadanta	et Śubhradantī
Nord	Kubera (ou Rudra)	Sārvabhauma	et Aṅgamā
Nord-Est	Īśa-Īśāna (ou Soma-Candra)	Supratīka	et Añjanāvati

Brahmā a aussi établi 4 éléphants cosmiques délimitant les 3 mondes : Vṛṣabha, Puṣkaracūḍa, Vāmana et Aparājita.
Et les 4 éléphants mythiques qui soutiennent la Terre sont :
Virūpākṣa (Est), Mahāpadma (Sud), Saumanasa (Ouest) et Bhadra (Nord).

Salutations à Toi, Suprême Protecteur de l'Univers !

4

Oṁ sṛṣṭikartre namaḥ

ॐ सृष्टिकर्त्रे नमः

sṛṣṭi सृष्टि émission, création, production ; la nature. En philosophie, c'est la création cosmique, l'une des 5 manifestations divines [pañcakṛtya*], par opposition à la dissolution cosmique [saṁhāra]. En littérature, sṛṣṭi est la section d'un purāṇa traitant de mythes de création.

***pañcakṛtya** : en philosophie, c'est la manifestation de l'Être Suprême Śiva, en cinq activités :

sṛṣṭi	सृष्टि	la création,
sthiti	स्थिति	la préservation,
saṁhāra	संहार	la destruction,
tirobhāva	तिरोभाव	l'illusion,
anugraha karaṇa	अनुग्रह करण	le pouvoir de la grâce ou libération.

kartṛ कर्तृ qui fait, qui agit, actif ; créateur, auteur — prêtre officiant | En grammaire, c'est le rôle thématique d'agent indépendant.

Salutations à Toi, Créateur de la Création cosmique !

5

Oṁ kanakaprabhāya namaḥ

ॐ कनकप्रभाय नमः

kanaka कनक or — en or ; doré — Dans la mythologie, Kanakā «Dorée», est une des 7 langues d'Agni, le dieu du feu.

prabha प्रभ briller, resplendir, éclairer ; paraître, sembler.

prabhā प्रभा lumière, splendeur, éclat | Prabhā «Lumière» est une épithète de Durgā.

Salutations à Toi, Lumière d'Or !

6

Oṁ puruṣottamāya namaḥ

ॐ पुरुषोत्तमाय नमः

puruṣa पुरुष homme, mâle, personne ; héros | fonctionnaire ; serviteur | l'humanité | En philosophie, Puruṣa est l'Être, l'esprit divin, le macrocosme. | Dans la philosophie Sāṁkhya, c'est l'Esprit ou ordre cosmique, le principe mâle statique activé par le principe femelle dynamique de la Nature [prakṛti] | Dans la philosophie Vedānta, puruṣa est le soi personnalisé, pur œuf de cristal de la taille du pouce, résidant dans le cœur. | En grammaire, puruṣa est une personne grammaticale.
puru : beaucoup de, en abondance, très, souvent.

uttamā उत्तमा le plus haut, le principal | suprême, extrême, supérieur, éminent ; excellent, très beau, très bien | dernier, final | supérieur à — forme des superlatifs : le plus, le suprême | le chef des, le meilleur des — En grammaire, uttamā est la première personne (listée en dernier en sanskrit).

Salutations à Toi, Ordre Cosmique Suprême !

7

Oṁ pitāmahāya namaḥ **Oṁ ambikāyai namaḥ**

ॐ पितामहाय नमः **ॐ अम्बिकायै नमः**

pitṛ पितृ qui protège, père
pitarau : les parents (père et mère)
pitaras : dans la mythologie, les ancêtres, les mânes.

mahat महत् grand (en espace, en temps, en quantité) ; haut, vaste, éminent, important | riche en — chose importante ; connaissance sacrée.

pitāmaha पितामह grand-père paternel | grand-père des mânes tels qu'Aryamā अर्यमा et d'autres. | Dans la mythologie, Pitāmaha «l'Aïeul» est une épithète de Brahmā.

ambika अम्बिक petite mère (terme affectueux) | mythologie : nom propre d'Ambikā, aspect terrible de Durgā, śakti de Rudra.

Salutations à Toi, **l'Aïeul.e Protecteur.trice !**

8

Oṁ mahādevāya namaḥ
Oṁ brahmaviṣṇuśivātmikāyai namaḥ

ॐ महादेवाय नमः **ॐ ब्रह्मविष्णुशिवात्मिकायै नमः**

mahā महा grand (en espace, en temps, en quantité) ; haut, vaste, éminent, important | riche en — chose importante, connaissance sacrée | personne éminente, grand homme | Dans la société, c'est le supérieur d'un temple ou d'un monastère.

deva देव brillant | divin — dieu, «être de lumière» | En philosophie, c'est la personnification d'une manifestation de la puissance divine ; aspect du transcendant | Au pluriel, devās, les dieux ; la tradition en donne une liste conventionnelle de 33 [trayastriṁśa] | roi, sa majesté — adorer, prier, faire ses dévotions ; être pieux.

ātman आत्मन् souffle | principe de vie ; âme ; esprit, intelligence ; soi ; self | essence, caractère, nature ; particularité ; corps | philosophie Vedānta : Ātmā, «le Soi» ou Âme universelle, essence immuable de l'Être, forme microcosmique du brahman.

-ika इक i euphonique | suffixe nominal secondaire

Salutations à Toi, **Souffle Suprême !**

9

Oṁ mahārūpāya namaḥ

ॐ महारूपाय नमः

mahat महत् grand (en espace, en temps, en quantité) ; haut, vaste, éminent, important | riche en — chose importante ; connaissance sacrée | personne éminente, grand homme.

arūpa अरूप sans forme | informe ; difforme — philosophie : émancipation ; synonyme de nirvāṇa.

Salutations à Toi, Le Grand Sans-Forme !

10

Oṁ vāsukaye namaḥ

ॐ वासुकये नमः

vās वास् loger, héberger, abriter ; vêtir, habiller ; envelopper de ; parfumer, encenser.

vāsu वासु «qui demeure en toutes choses», épithète de Viṣṇu «l'Immanent»

-ka -क forme grammaticale des agents.

Salutations à Toi, Qui Demeures en Tout !

11

Oṁ madhvakṣāya namaḥ

ॐ मध्वक्षाय नमः

madhvī मध्वी doux, sucré | plaisant, charmant ; délicieux — douceur, miel, sucre | védique : soma, liqueur d'immortalité.

vakṣ वक्ष croître, grandir ; être fort.

Salutations à Toi, Douce Force !

12

Oṁ yugādhyakṣāya namaḥ

ॐ युगाध्यक्षाय नमः

yuga युग joug, attelage ; paire | littérature : une paire de stances [śloka] formant une phrase. | philosophie : âge du monde - division d'un mahāyuga ; il y en a 4 : kṛtayuga (ou satyayuga), tretāyuga, dvāparayuga, et kaliyuga, de durées respectives 4,3, 2, et 1.

dhyakṣa ध्यक्ष «sous les yeux», perceptible, observable | qui supervise, qui préside — observateur, témoin | inspecteur ; superintendant ; président.

Salutations à Toi, Témoin des Ères du Monde !

Veda वेद

Veda वेद connaissance, science ; parole sacrée, connaissance révélée | Le Veda «Savoir» est l'ensemble de textes sacrés comprenant le Ṛgveda, le Sāmaveda, les deux Yajurveda et l'Atharvaveda.

<u>du mot racine</u> : **vid** विद् savoir, connaître ; comprendre | éprouver, ressentir, avoir conscience de ; voir.

> anantā vai vedāḥ [Indra]
> अनन्ता वै वेदाः [इन्द्र]
>
> Les Védas en vérité sont éternels.

Le rôle et l'âge de Brahmā

Dans la mythologie, Brahmā ब्रह्मा est un démiurge, l'Être suprême, le Créateur, le dieu personnifiant le sacré, le savoir et la vérité. Le Veda वेद est sa parole.

aham brahmāsmi [mahāvākya] अहम् ब्रह्मास्मि [महावाक्य] Je suis l'Être.

Il possède 4 têtes [caturmukha] qui disent le Veda dans toutes les directions. Une cinquième tête tournée vers le ciel poussa, de honte à sa concupiscence pour sa fille. Śiva-Paśupati शिव-पशुपति, chargé par les dieux d'arrêter l'inceste primordial, la lui trancha avec l'arme Pāśupata.

En astronomie, Brahmā régente l'étoile [nakṣatra] Véga [Abhijit अभिजित्]. Abhijit «Victorieux» est le 20ième astérisme lunaire, correspondant donc à l'étoile Véga de la Lyre. Son symbole est une noix.

Brahmā préside aussi l'un des 7 continents mythiques Puṣkara «Abondance» et demeure au ciel Satyaloka सत्यलोक «Ciel de Vérité» ou Brahmaloka ब्रह्मलोक «Ciel de

Brahmā», où sont transportés ceux qui sont délivrés des renaissances. Selon le Praśnopaniṣad, on y accède en chantant Oṁ.

> Oṁ itīdaṁ sarvam [Taittirīya Upaniṣad]
> ॐ इतीदं सर्वम् [तैत्तिरीय उपनिषद्]
> Tout ce monde n'est qu'Oṁ.

Gāyatrī गायत्री / Sāvitrī सावित्री est son épouse et sa śakti शक्ति (puissance) est Brāhmī ब्राह्मी ou Sarasvatī सरस्वती. Elles sont un seul et même Être, sous divers aspects.

Brahmā naît au réveil de Viṣṇu-Nārāyaṇa विष्णु नारायण de son sommeil cosmique sur les eaux primordiales. Il est alors assis sur le lotus issu de son nombril, récitant le Veda aux quatre orients.

De son esprit [vaidhātra वैधात्र] naquirent les 4 sages [sanakādi सनकादि] éternellement jeunes et purs, et les 10 géniteurs [prajāpati प्रजापति] qui peuplèrent le monde.

Brahmā accorde des vœux aux pénitents, de manière inconsidérée (en apparence). Ce qui donne du fil à retordre aux acteurs.

brahmavid brahmeva bhavati

ब्रह्मविद् ब्रह्मेव भवति

Qui connaît l'Être devient l'Être soi-même.

Brahmā joue un rôle de vantard, et présomptueux, comme dans l'épisode du pilier de feu [tejoliṅga तेजोलिङ्ग (voir lexique)]. Pour cette raison, il n'est pas révéré en Inde, sauf en de très rares sanctuaires comme à Puṣkara.

Les Védas

Brahmā possède donc 4 têtes [caturmukha] qui disent le Veda dans toutes les directions.

La définition de Veda est la suivante :

Veda वेद connaissance, science ; parole sacrée, connaissance révélée | Le Veda «Savoir» est l'ensemble de textes sacrés comprenant le Ṛgveda, le Sāmaveda, les deux Yajurveda et l'Atharvaveda.

du mot racine : **vid** विद् savoir, connaître ; comprendre | éprouver, ressentir, avoir conscience de ; voir.

1 - Ṛgveda ऋग्वेद le Ṛgveda, ou Veda des strophes, est le texte le plus ancien du Veda. Il est composé de 1017 stances. Il est organisé en 10 recueils [maṇḍala] ou alternativement en 8 chapitres [adhyāya].

2 - Sāmaveda सामवेद Le Sāmaveda, ou Veda des hymnes [sāman] est un recueil de chants, l'une des 4 parties du Veda. Il y a trois écoles de chant : kauthuma, rāṇāyanīya et jaiminīya.

3 - Yajurveda यजुर्वेद Le Yajurveda est un recueil de formules rituelles [yajus]. C'est le 3ième Veda. On distingue le Yajurveda blanc [śukla] et le Yajurveda noir [kṛṣṇa].

4 - Atharvaveda अथर्ववेद l'Atharvaveda est le quatrième Veda, qui comprend 731 hymnes, distribués en 20 livres. Il se compose d'incantations, de chants, de charmes magiques et de prières. Il est connu par deux recensions, dites śaunaka et paippalāda.

(+ **Upaveda** उपवेद science mineure, art ; ensemble de textes complémentaires du Veda. On liste : la médecine [Āyurveda], l'archerie [Dhanurveda], la musique [Gāndharvaveda], et la science des armes [Śastraśāstra] ; mais aussi : l'architecture [Sthāpatyaveda], le savoir artistique [Śilpaśāstra] et la science du gouvernement [Arthaśāstra].)

vedaiśca sarvair aham eva vedyaḥ [Bhagavad Gītā]
वेदैश्च सर्वैर् अहम् एव वद्यः [भगवद् गीता]

On me connaît par tous les Védas.

L'âge de Brahmā

sahasra yuga paryantam ahar yad brahmaṇo viduḥ
[Bhagavad Gītā]
सहस्र युग पर्यन्तम् अहर् यद् ब्रह्मणो विदुः [भगवद् गीता]

On sait qu'un jour de Brahmā vaut 1000 ères.

432 millions d'années humaines constituent une période de quatre yugas युग appelée «Deva-caturyuga» देवचतुर्युग (une période de quatre yugas des devas).

Mille deva-caturyugas constitueront un Mahāyuga महायुग (grand yuga). Un Mahāyuga est une période diurne de Brahmā ब्रह्मा.
Pendant la période d'un Mahāyuga, c'est-à-dire pendant une journée de Brahmā, quatorze Manus [(*)], l'un après l'autre, aident Brahmā à accomplir l'œuvre de Création.

***manu** मनु
«créature pensante», homme

Manu-Svāyaṁbhuva मनु स्वायंभुव «l'Homme Primordial» est le premier homme de l'ère. Il est issu des deux moitiés Virāṭ et Śatarūpā de Brahmā. Par Śatarūpā, il eut pour enfants Iḍā, Priyavrata et les 10 géniteurs [prajāpati]. On lui attribue les Lois de Manu [mānavadharmaśāstra]. En philosophie, les manus d'une ère cosmologique [manvantara] sont au nombre de 14 dans un kalpa.

La période de six Manus est terminée dans le temps actuel. C'est le temps du septième Manu dans le temps actuel (kalpa कल्प) du Brahmā actuel. Vaivasvata वैवस्वत est le Manu actuel.

Brahmā se réveille le matin - le début d'un kalpa. Ceux qui ont subi la destruction pendant la nuit sont recréés le matin.

Lorsque Brahmā se réveille chaque matin. Il observe les choses créées auparavant qui ne subissent pas de destruction. Ce sont les six (ou vingt-quatre) tattvas (principes) qui sont des créations naturelles.

Ces vingt-quatre principes ne sont pas la création de Brahmā. Celui qui est au-delà des noms, Celui qui a créé Brahmā dans la fleur de lotus, les a créés. Brahmā, qui est né dans le lotus qui a poussé du nombril de Nārāyaṇa नारायण, accomplit l'œuvre de création guidée par ces vingt-quatre principes.

L'œuvre de création accomplie par Brahmā est appelée Pratisarga प्रतिसर्ग (création de substitution). Tout ce que Brahmā a créé pendant la journée sera détruit le soir. Une fois la journée terminée, viennent la nuit et le sommeil pour Brahmā.

Brahmā n’est pas éternel, et vit 100 années de jours de Brahmā [kalpa कल्प]. À l'expiration de cette période, la vie de Brahmā prendra fin et se dissoudra dans le Nārāyaṇa. Ainsi, des millions et des millions de Brahmās sont apparus et ont disparu et, dans le futur, des millions apparaîtront et disparaîtront également (Bhāgavata).

Nārāyaṇa नारायण
«Refuge des Hommes»

Selon la mythologie, Nārāyaṇa est Viṣṇu sommeillant sur les eaux primordiales entre deux ères, reposant sur les anneaux du serpent Śeṣa-Ananta. La création du monde est issue de son nombril, d’où s’élève un lotus portant Brahmā. Nārāyaṇa représente l’éveil de la Manifestation Divine. | En philosophie, Nārāyaṇa est Dieu en l’Homme | En littérature, c'est aussi l’hymne au Puruṣa [puruṣasūkta] (attribué à Nārāyaṇa).

13

Oṁ śrutidātre namaḥ

ॐ श्रुतिदात्रे नमः

śruta श्रुत écouté, entendu, enseigné ; connu, célèbre, renommé ; connu comme étant | appelé — action d'entendre ; savoir, science | science sacrée, révélation.

śruti श्रुति audition ; oreille | tradition, doctrine, savoir ; enseignement sacré ; révélation | la parole révélée (en opposition au smṛti, le corpus des textes traditionnels) | philosophie Mīmāṁsā : passage textuel du Veda | Musique : division de l'octave, quart de ton : on en énumère 22, personnifiées comme des nymphes.

śrutidhara श्रुतिधर expert en Véda | capable de mémoriser instantanément.

dātṛ दातृ qui accorde, qui permet ; qui donne, qui prête ; libéral, généreux ; donateur, mécène, fondateur ; prêteur, créancier — dātrī : généreuse, donatrice.

Salutations à Toi, qui donnes le Veda !

14

Oṁ vedarūpine namaḥ

ॐ वेदरूपिने नमः

veda वेद connaissance, science ; parole sacrée, connaissance révélée | En philosophie, le Veda «Savoir» est l'ensemble de textes sacrés comprenant le Ṛgveda, le Sāmaveda, les deux Yajurveda et l'Atharvaveda. En mathématique, veda symbolise le nombre 4.

rūpine रूपिने corporel ; qui a une telle forme, beau, joli — qui a la forme de, caractérisé par, représenté par.

Salutations à Toi, Qui es représenté par le Veda !

15

Oṁ vedagarbhāya namaḥ

ॐ वेदगर्भाय नमः

veda वेद connaissance, science ; parole sacrée, connaissance révélée | En philosophie, le Veda «Savoir» est l'ensemble de textes sacrés comprenant le Ṛgveda, le Sāmaveda, les deux Yajurveda et l'Atharvaveda. En mathématique, veda symbolise le nombre 4.

> trayo vedā eta eva vāg evargvedaḥ mano yajurvedaḥ prāṇaḥ sāmavedaḥ [Bṛhadāraṇyaka Upaniṣad]
> त्रयो वेदा एत एव वाग् एवर्ग्वेदः मनो यजुर्वेदः प्राणः सामवेदः [बृहदारण्यक उपनिषद्]
>
> Il y a trois Védas : le Ṛgveda est parole,
> le Yajurveda est esprit et le Sāmaveda est souffle.

garbha गर्भ intérieur de quelque chose ; appartement privé, sanctuaire | matrice ; sein maternel ; ventre | germe vivant ; embryon, fœtus |dépôt consacré dans un temple en construction | [jalagarbha] vapeurs atmosphériques, rosée | lit d'une rivière | En littérature garbhasandhi est le nœud de l'intrigue ; c'est l'une des 5 articulations de récits dramatiques [pañcasandhi] — contenant, renfermant, plein de, lourd de.

Salutations à Toi, Sanctuaire des Vedas !

16

Oṁ gonardāya namaḥ **Oṁ bhāratyai namaḥ**

ॐ गोनर्दाय नमः **ॐ भारत्यै नमः**

go गो bœuf, bovin | bétail ; troupeau | lait — vache | parole | Dans une approche védique, c'est le rayon du soleil (ils forment le troupeau céleste). | la Terre (vache des rois) | les poils du corps humain | Dans la mythologie, Go «Parole» est une épithète de Sarasvatī, déesse de la parole sacrée, śakti de Brahmā.

narda नर्द qui mugit, qui rugit ; qui crie ; qui proclame, qui célèbre ; bruyant.

gonarda गोनर्द «qui mugit comme un taureau». Dans la mythologie, gonarda est une épithète de Śiva. | Nom du village de Gonarda, où serait né le grammairien Patañjali | Au pluriel, Gonardās est le nom d'un peuple.

bhāratī भारती éloquence; composition littéraire, art dramatique.

Salutations à Toi, **Qui proclames la Parole !**

17

Oṁ govindāya namaḥ **Oṁ govindāyai namaḥ**

ॐ गोविन्दाय नमः **ॐ गोविन्दायै नमः**

go गो bœuf, bovin | au pluriel : gāvas bétail ; troupeau | védique : lait — vache | parole | védique : rayon du soleil (ils forment le troupeau céleste) | la Terre (vache des rois) | les poils du corps humain | Dans la mythologie, Go «Parole» est une épithète de Sarasvatī, déesse de la parole sacrée, épouse-śakti de Brahmā.

vinda विन्द qui acquiert, qui possède ; qui trouve.

govinda गोविन्द épithète du jeune Kṛṣṇa «Maître des troupeaux».

Salutations à Toi, **Maître.sse de la Parole !**

18

Oṁ gautamāya namaḥ

ॐ गौतमाय नमः

go गो parole | védique : rayon du Soleil (ils forment le troupeau céleste) | la Terre (vache des rois) | | mythologie : Go «Parole» est une épithète de Sarasvatī, déesse de la parole sacrée, śakti (puissance) de Brahmā.

-**tama** तम forme des superlatifs.

gautama गौतम descendant de Gotama | Dans la mythologie, Gautama est un saptarṣi, fils de l'aṅgiras Dīrghatamā. Il fut le guru d'Indra. Il épousa Ahalyā, l'Ève indienne. Il la maudit après qu'elle eût commis l'adultère avec Indra. Il jeta un sort à ce dernier, dont le corps se couvrit de 1000 vagins, que les brahmanes transformèrent en 1000 yeux. Il fit aussi tomber ses testicules, qui furent remplacés par les dieux par ceux d'un bélier. En priant Varuṇa, lors d'une période de sécheresse, il obtint un puits magique dans son ermitage.

gotama गोतम «à la Haute Parole», du Sage [ṛṣi] Gotama, fils de Rahūgaṇa du clan āṅgirasa et auteur d'hymnes du Ṛgveda.

Salutations à Toi, À la Haute Parole !

19

Oṁ caturmukhāya namaḥ
Oṁ caturānana sāmrājyāyai namaḥ

ॐ चतुर्मुखाय नमः **ॐ चतुरानन साम्राज्यायै नमः**

catur चतुर् quatre, quatre fois.

mukha मुख bouche, gueule, ouverture ; face, visage ; front, front d'une armée ; proue (navire) | tête, sommet ; partie essentielle, meilleure partie ; commencement | tranchant d'une lame | téton | En littérature, mukhasandhi est le germe de l'intrigue ; c'est l'une des 5 articulations de récits dramatiques [pañcasandhi] — qui a pour chef, qui a pour partie essentielle ou initiale.

caturānana चतुरानन qui a quatre visages.

sāmrājya साम्राज्य souveraineté, royauté universelle ; empire | pouvoir suprême (sur).

> sarve vedā mukhato gṛhītāḥ
> सर्वे वेदा मुखतो गृहीताः
>
> Tout le Veda est retenu par récitation.
> (Ici est évoqué Brahmā chantant les Védas dans les 4 directions.)

Salutations à Toi, **Souverain.e aux 4 Visages !**

20

Oṁ viśvakarmaṇe namaḥ

ॐ विश्वकर्मणे नमः

viśva विश्व tout, total, entier; universel | omniprésent, qui contient tout | Dans la philosophie Vedānta, Viśva est l'aspect éveillé de la conscience. — le Monde.
Au féminin : viśvā la Terre.

karman कर्मन् acte, action, œuvre ; fait, exécution, opération ; rite, cérémonie, sacrifice | ouvrage ; occupation, métier ; destin | fonction individuelle, devoir de sa caste | En philosophie, c'est l'accumulation de mérites et de fautes au cours des existences passées | Dans le jaïnisme, c'est une substance associée à l'âme. Elle détermine sa prochaine réincarnation ou sa libération | Acte suprême, Œuvre sainte | pratique (par opposition à la théorie).

viśvakarmā विश्वकर्मा «qui a tout fabriqué», dieu architecte de l'univers, artisan des dieux, forme d'Agni (dieu du feu), aussi appelé Tvaṣṭā.

Salutations à Toi, Qui as Tout Créé !

21

Oṁ vināyakāya namaḥ

ॐ विनायकाय नमः

vināyaka विनायक qui conduit, qui guide — chef, guide | Dans la mythologie, Vināyaka «Guide» est une épithète de Gaṇeśa (dieu du savoir à la tête d'éléphant) | C'est aussi Garuḍa «Roi des oiseaux».

Selon le Mahābhārata, Brahmā a un conseil divin. Une description complète de ce conseil est donnée dans le Mahābhārata, Sabhā Parva, chapitre 11.

Salutations à Toi, Qui guides !

22

Oṁ raktavarṇāya namaḥ

ॐ रक्तवर्णाय नमः

rakta रक्त coloré, rouge | passionné, épris de, adonné à, charmé par ; aimant | cher, agréable | loyal ; dévoué — sang | vermillon, minium (pigment rouge orangé) ; safran ; cuivre.

varṇa वर्ण manteau, couverture ; apparence, aspect | couleur, teinte ; pigment, couleur pour peindre ; couleur de peau, teint | sorte, espèce, catégorie | qualité, propriété.
Dans la société, ce sont les catégories sociales védiques, classes ou castes majeures. La tradition en distingue 4 [caturvarṇa] brāhmaṇa, kṣatriya, vaiśya et śūdra, qui se subdivisent en corporations héréditaires [jāti] ou castes mineures de métiers et de régions.
En mathématique, varṇa symbolise le nombre 4.
En grammaire, c'est un phonème ; lettre, voyelle. En musique, c'est une note, un son, une mélodie, un poème.

Salutations à Toi, l'Incarné !

23

Oṁ pītākṣāya namaḥ

ॐ पीताक्षाय नमः

pītā पीता jaune (couleur des vaiśyās) — couleur jaune, topaze ; pigment jaune — substance jaune ; notamment l'or.

kṣi क्षि posséder, gouverner ; être maître de — habiter, demeurer, résider | être tranquille ; être caché.
kṣatriya : 2ème classe de la société védique ; ceux qui gouvernent, les souverains, les princes, la noblesse d'épée, les guerriers.

Salutations à Toi, Gouverneur d'Or !

24

Oṁ śrīnivāsāya namaḥ **Oṁ mahābhadrāyai namaḥ**

ॐ श्रीनिवासाय नमः **ॐ महाभद्रायै नमः**

Śrī श्री chance ; prospérité, fortune, bonheur ; gloire | beauté | Dans la mythologie, Śrī «Fortune», est une épithète de Lakṣmī, déesse de la prospérité, épouse-śakti de Viṣṇu. Elle est dite issue du barattage de la mer de lait primordiale [kṣīrodamathana], ou bien fille du sage Bhṛgu et de Kyāti. Elle est la patronne du commerce.

nivāsa निवास fait d'habiter | demeure, résidence, lieu de séjour ; halte nocturne, refuge.

śrīnivāsa श्रीनिवास «Refuge de Śrī». Dans la mythologie, c'est la résidence de Śrī. C'est aussi une épithète de Viṣṇu.

mahat महत् grand (en espace, en temps, en quantité) ; haut, vaste, éminent, important | riche en — chose importante ; connaissance sacrée | personne éminente, grand homme | supérieur d'un temple ou d'un monastère.

bhadra भद्र heureux, prospère, propice, fortuné | bon, plaisant, cher ; vertueux, noble, pur, excellent ; doué en.

Salutations à Toi, **Suprême Demeure de Prospérité !**

maṇḍala मण्डल

Maṇḍala : cercle, disque | groupe, groupement.
C'est aussi l'une des 10 divisions du Ṛgveda, regroupé en hymnes. Enfin, le Maṇḍala «cercle des royaumes voisins» est, selon l'Arthaśāstra, une conception géométrique des relations entre royaumes par cercles concentriques : Au delà de l'ennemi immédiat, on trouve les alliés, les alliés de l'ennemi, les alliés d'alliés et les alliés d'alliés de l'ennemi.

Saptarṣimaṇḍala सप्तर्षिमण्डल

Le cercle des 7 Patriarches védiques, fils de Brahmā.

La Grande Ourse.

La demeure et les créations de Brahmā

Il est dit dans le Devī Bhāgavata, Skandha 8, que la demeure de Brahmā ब्रह्मा se trouve au sommet du mont Mahāmeru.

Mahāmeru महामेरु montagne fabuleuse, au centre du Jaṁbudvīpa, et donc au centre du Monde.

Un arbre Jambu immense couronne le Mahāmeru.

Selon le Mahābhārata, il s'élève à 84 000 étapes [yojana].

Le Gange y tombe des cieux pour s'y subdiviser en 4 fleuves dans les 4 directions.

Ses pentes sont d'or à l'Est, d'argent à l'Ouest, de cristal au Sud-Est et d'agate au Nord-Ouest. Il possède 4 sommets, le 5ème ayant été précipité dans la mer par Vāyu pour former l'île de Laṅkā.

Sur ses pentes se trouvent Svarga, le paradis d'Indra, et les demeures des 33 dieux [trayastriṁśa].

Brahmā y règne à son sommet.

Il y a neuf villes au Mahāmeru. Manovatī मनोवती qui est au centre, est la ville de Brahmā. Les gardiens [dikpāla] des directions y résident aussi comme suit :

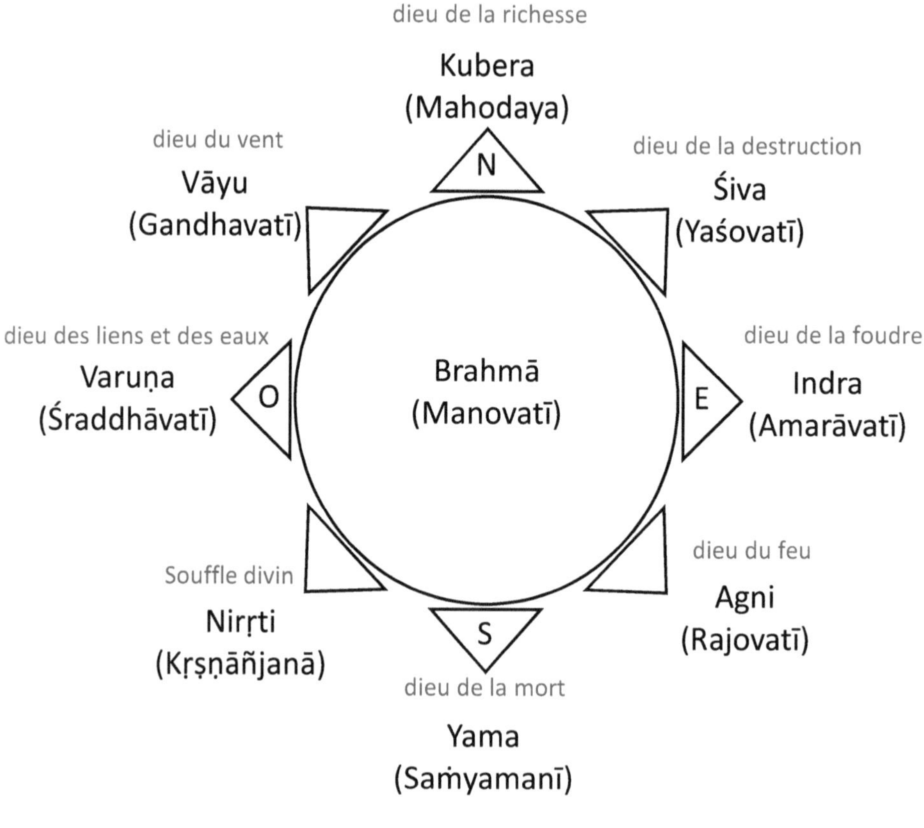

La demeure de Brahmā et les gardiens des directions

Les créations

Les créations accomplies par Brahmā sont de deux sortes. La première est Sarga सर्ग (création) et la seconde est Pratisarga प्रतिसर्ग (création de substitution).

Au cours du premier kalpa, lorsqu'un Brahmā naît du lotus, certaines créations sont faites et les choses ainsi créées ne subissent pas de destruction le soir ou à la fin du kalpa.

Ce sont les sargas ou création.

Ce jour-là et chaque jour de la vie de Brahmā, les sargas aident Brahmā dans le travail de création. Dans un sens, on pourrait les appeler Prajāpatis प्रजापति «les Seigneurs de l'émanation». Mais comme la plupart d'entre eux n'ont pas laissé de fils, et pour d'autres raisons aussi, ils ne sont pas bien connus sous ce nom. Seules les personnes mentionnées ici ont une vie aussi longue que celle de Brahmā :

Les Sanakas, Karddama, Marīci, Atri, Aṅgiras, Pulastya, Pulaha, Kratu, Bhṛgu, Vasiṣṭha, Dakṣa, Nārada, Dharma, Adharma, Nirṛti, Sarasvatī, Kāma, Atharva, les Mânes, Agni, Sthāṇu et Svāyaṁbhuva.

Ceux-ci ne prennent pas fin à la fin du jour (ou Kalpa) d'un Brahmā et ne se dissolvent qu'avec la dissolution de Brahmā.

Un Brahmā crée dans son premier matin non seulement des personnes de Sanaka à Svāyaṁbhuva, mais aussi des créations qui n'ont une histoire que jusqu'à la fin de ce jour, telles que les lokas (mondes) de Bhūloka, Bhuvarloka et Svarloka, et les minéraux, les plantes, les animaux, l'humanité, etc.

Sarga (création) est appelée Prākṛta Sṛsṭi प्राकृत सृस्टि (création naturelle).
Pratisarga (création de substitution) est appelée Aprākṛta Sṛsṭi अप्राकृत सृस्टि ou création contre nature.

À la fin du kalpa, Saṁvarttakāgni संवर्त्तकाग्नि (le feu qui détruit l'univers) et Saṁvarttakavarṣā संवर्त्तकवर्षा (la pluie qui détruit l'univers) se produiront et toutes les créations contre nature seront détruites. Dans toute la matinée, après le premier matin de Brahmā, une création de substitution a lieu, et elle est donc détruite à la fin de chaque kalpa par Saṁvarttakāgni et Saṁvarttakavarṣā (Bhāgavata).

sisṛkṣurvividhāḥ prajāḥ
सिसृक्षुर्विविधाः प्रजाः

Désireux de créer les diverses créatures.
(se dit de Brahmā)

Les Brahmās

À la fin du jour de Brahmā, il y eut le grand déluge, et détruisant tous les cieux, Brahmā s'endormit. Il se réveilla le lendemain matin et après les ablutions matinales habituelles, se prépara à la création.

Il regarda autour de lui le ciel et vit certains cieux encore engagés dans des activités habituelles. Il fut étonné de cet événement inhabituel.

Dix Brahmās et les innombrables devas (dieux) sous eux faisaient leur travail de routine. Brahmā contempla longuement les mondes en se demandant : « Comment cela se fait-il ? »

Puis, par son pouvoir divin, il fit venir à lui l'un des soleils, agissant dans un ciel, et lui demanda : « Qui es-tu, toi qui brilles ? Et comment ces mondes sont-ils venus à l'existence ? »

Le Soleil répondit avec humilité.

« Vos fils Marīci मरीचि et d'autres ont érigé un magnifique hangar appelé Suvarṇataṭam, dans un coin de Jaṁbudvīpa dans la vallée en dessous de Kailāsa. Un brahmāṇa nommé Indu इन्दु est sorti de cette salle. Le brahmane, qui était un érudit védique, juste et paisible, a mené la vie d'un chef de famille avec sa femme pendant une longue période. Mais ils étaient sans enfants.

Ils sont donc allés à Kailāsa et ont fait pénitence pour avoir des enfants. Ils sont entrés dans une tonnelle naturelle qui était tout à fait silencieuse et ont commencé une pénitence sévère. Śiva est apparu et a dit qu'ils auraient des enfants.
Au fil du temps, dix fils leur sont nés. Après un long moment, lorsque les fils ont atteint l'âge adulte, les vieux parents sont morts. Les fils se sont sentis très désolés. Ils considéraient la vie comme courte et pleine de malheurs et de misère. Ils sont donc partis pour faite pénitence, car ils n'avaient plus de parents pour prendre soin d'eux. Ils s'abstinrent de tous les plaisirs du monde et atteignirent Kailāsa.

Ils commencèrent à méditer sur la brièveté de la vie.

« Qu'y a-t-il de noble dans ce monde ? N'y a-t-il rien d'autre que le malheur et la misère ? Comment est le désir simple de l'homme pour la grandeur ?

On se croit prospère quand on devient chef de famille. Le chef du village est plus prospère qu'un chef de famille. Le roi d'un État dépendant est plus puissant que le chef d'un village. Un roi indépendant est bien plus prospère qu'un roi dépendant.

Quand nous pensons à l'état d'empereur, un roi indépendant est si simple ! Comparé à Indra, le Seigneur des trois mondes, qu'est-ce qu'un empereur après tout ?

Mais il n'y a rien de glorieux dans l'état d'Indra non plus, car il se termine par un Brahmamuhūrtta (une période de la vie de Brahmā). Alors, qu'y a-t-il de substantiel et d'éternel ? »

« Brahmā seul est éternel et indestructible », dit le frère aîné. « Concentre ton esprit et dis-toi : « Je suis l'Être suprême Brahmā assis sur un lotus ». Médite cela, prie pour cela et la Connaissance de Brahmā te sera octroyée.»

Ils comprirent cela et ainsi les dix frères devinrent des Brahmās. Il y a dix cieux d'eux. Ce sont dix mondes dans le ciel de l'esprit.

Je suis le soleil qui crée le jour et la nuit dans l'un d'eux. »

En disant cela, le Soleil s'en alla.

Brahmā commença son activité. (Jñānavāsiṣṭha)

25

Oṁ śubhaṅkarāya namaḥ

ॐ शुभङ्कराय नमः

śubha शुभ brillant | orné, beau, joli, agréable, splendide ; utile, bon, approprié ; favorable, propice, de bon augure | heureux, prospère ; éminent, distingué ; excellent | honnête, vertueux — beauté, charme ; chance, bonheur, prospérité |bien, action vertueuse.

kara कर qui fait, qui agit, qui produit habituellement | qui cause, qui donne | qui se plaît à faire — main ; trompe (de l'éléphant) ; pinces (du crabe) | rayon de lumière — artisan.

Salutations à Toi, Sublime Artisan !

26

Oṁ takṣakāya namaḥ

ॐ तक्षकाय नमः

takṣ तक्ष् tailler (à la hache), découper, fendre ; façonner.

takṣan तक्षन् bûcheron, charpentier.

takṣaka तक्षक charpentier | mythologie : dans le Rāmāyaṇa, Takṣaka «Pourfendeur» est un roi dragon, frère de Śeṣa et allié de Rāvaṇa. | C'est aussi le nom du cobra entourant le bras de Śiva.

Salutations à Toi, Qui façonnes !

27

Oṁ devakartre namaḥ

ॐ देवकर्त्रे नमः

deva देव brillant | divin — «être de lumière», dieu | En philosophie, c'est la personnification d'une manifestation de la puissance divine ; aspect du transcendant | Au pluriel, les devās sont les dieux ; la tradition en donne une liste conventionnelle de 33 [trayastriṁśa] | roi, sa majesté — adorer, prier, faire ses dévotions ; être pieux.

kartṛ कर्तृ qui fait, qui agit, actif ; créateur, auteur — prêtre officiant | En grammaire, c'est le rôle thématique d'agent indépendant.

Salutations à Toi, Créateur des Dieux !

28

Oṁ vijayāya namaḥ

ॐ विजयाय नमः

vijaya विजय victoire, conquête sur ; triomphe ; succès | butin.

Salutations à Toi, Le Victorieux !

29

Oṁ Sṛkāhastāya namaḥ

ॐ सृकाहस्ताय नमः

sṛ सृ courir, se mouvoir rapidement ; glisser ; souffler (vent) | s'avancer rapidement, surgir ; poursuivre, attaquer ; s'imposer | traverser.

sṛka सृक flèche.

hasta हस्त main ; avant-bras ; trompe (d'éléphant) ; synonyme de kara, pāṇi | écriture manuscrite ; signature ; au figuré, une preuve | En astronomie, Hasta «la Main» est le 11ième astérisme lunaire [nakṣatra], correspondant à la constellation du Corbeau. Son symbole est la main (d'or) de Savitā, qui y préside. | C'est aussi une coudée, une mesure de longueur d'un avant-bras, du coude au bout des doigts, égale à 24 pouces [aṅgula] (environ 45 cm) ; il y en a 4 dans un arc [dhanus]. | Enfin, c'est aussi un geste de la main au théâtre [nāṭya] : on en recense 67.

Salutations à Toi, Qui as une Flèche en Main !

30

Oṁ kuśahastāya namaḥ

ॐ कुशहस्ताय नमः

kuśa कुश Desmostachya bipinnata, plante herbacée de la famille des graminées, à gros rhizome, aux feuilles acérées ; pâturin ; fourrage | Dans la société védique, la kuśa est une herbe sacrée utilisée dans les cérémonies religieuses dès l'âge védique, aux vertus purificatrices. Darbha est un synonyme. Elle sert aussi de couche de méditation. On en fait aussi des cordes.

hasta हस्त main ; avant-bras ; trompe (d'éléphant) ; synonyme de kara, pāṇi | écriture manuscrite ; signature ; au figuré, une preuve | En astronomie, Hasta «la Main» est le 11ième astérisme lunaire [nakṣatra], correspondant à la constellation du Corbeau. Son symbole est la main (d'or) de Savitā, qui y préside. | C'est aussi une coudée, une mesure de longueur d'un avant-bras, du coude au bout des doigts, égale à 24 pouces [aṅgula] (environ 45 cm) ; il y en a 4 dans un arc [dhanus]. | Enfin, c'est aussi un geste de la main au théâtre [nāṭya] : on en recense 67.

Salutations à Toi, Qui as l'Herbe Sacrée en Main !

31

Oṁ garuḍapriyāya namaḥ

ॐ गरुडप्रियाय नमः

Garuḍa गरुड «(Soleil) Qui dévore», aigle mythique, fils de Kaśyapa et Vinatā, frère cadet d'Aruṇa. À sa naissance, il effraya les dieux par son éclat. Il est roi des oiseaux et destructeur des serpents dont il est affamé. Il déroba l'ambroisie [amṛta] pour le donner aux serpents qui tenaient sa mère prisonnière, mais une ruse permit à Indra de le reprendre. Il est la monture de Viṣṇu dont il obtint l'immortalité pourvu qu'il ne boive pas l'amṛta. Il est père de Vālmīki et de Dīpaka. Il protège des poisons.

priya प्रिय cher, aimé ; amical, agréable | qui aime, qui apprécie ; épris de, attaché à — bien-aimé, mari, amant.

Salutations à Toi, Qui aimes Garuḍa !

32

Oṁ mṛgalāñchanāya namaḥ

ॐ मृगलाञ्छनाय नमः

mṛga मृग recherche, investigation ; chasse — gibier, animal sauvage paisible, par opposition au fauve [vyāla], ou à l'animal domestique [paśu] | notamment antilope, gazelle, daim | littérature : en poésie, c'est l'antilope ou le lièvre visible sur la Lune | astronomie : la constellation [nakṣatra] d'Orion.

lāñch लाञ्छ् marquer, indiquer ; caractériser.

lāñchana लाञ्छन marque, signe, caractéristique | tache, flétrissure, marque d'infamie | marqué par, muni de, caractérisé par.

mṛgalāñchana मृगलाञ्छन «caractérisé par l'antilope», c'est en référence à Mṛgaśiras «Tête de l'antilope», 3ième astérisme lunaire [nakṣatra], correspondant au Baudrier d'Orion (Trois Rois). Soma y préside. Son symbole est la tête de gazelle. Il symbolise Prajāpati, la victime primordiale, percée par Śiva-Rudra après l'inceste primordial de la Création [Rohiṇī], au matin du monde.

Salutations à Toi, Caractérisé par l'Antilope !

33

Oṁ viṣṇave namaḥ **Oṁ vaiṣṇavyai namaḥ**

ॐ विष्णवे नमः **ॐ वैष्णव्यै नमः**

viṣ विष् être actif, agir ; faire, accomplir — être rapide, filer ; couler (eau) ; servir (serviteur) — imprégner.

Viṣṇu विष्णु Dans la mythologie védique, Viṣṇu est un aspect du soleil, un radieux fils cadet d'Aditi [āditya], dieu suprême Viṣṇu «l'Immanent». L'Aigle Garuḍa est sa monture. Lakṣmī et Bhūdevī sont ses épouses. Il demeure au Ciel Vaikuṇṭha. Ses 24 aspects portent avec leurs 4 bras les 24 permutations de 4 attributs : le disque de feu [cakra], la conque [śaṅkha], la massue [gadā] et le lotus [padma]. Le basilic sacré [tulasī] lui est consacré, ainsi que l'ammonite [śālagrāma]. Il est vêtu de jaune. En astronomie, il régente l'étoile Altaïr [Śravaṇā]. En philosophie Sāṁkhya, il est le régent de la faculté de marche. Viṣṇu émerveille le Monde par le jeu [līlā] de sa Magie [Māyā]. Il obtint de Śiva d'incarner sa Śakti.

ave अवे approcher | considérer comme ; comprendre, savoir.

vaiṣṇava वैष्णव relatif à, consacré à, adressé à, appartenant à Viṣṇu — śakti de Viṣṇu — vishnouite, dévot de Viṣṇu.

Salutations à Toi, **Qui es comme Viṣṇu !**

34

Oṁ rāghavāya namaḥ

ॐ राघवाय नमः

rāghava राघव «Descendant de Raghu» patronyme notamment de Daśaratha, de Rāma et de ses frères, les héros du Rāmāyaṇa. Au pluriel, rāghavās désignent Rāma, ses frères et leurs partisans.

Raghu रघु «Agile», roi de la lignée solaire [sūryavaṁśa]. Il avait une auréole [prabhāmaṇḍala] en forme de lotus au-dessus de la tête. Selon le texte Raghuvaṁśa, il conquit l'Univers, puis renonça à tous ses biens. Le jeune brahmane Kautsa vint lui demander l'aumône pour payer à son maître-guru la somme exorbitante qu'il exigeait comme gurudakṣiṇā. Raghu partit alors combattre Kubera, le dieu de la richesse, pour réunir la somme, s'endormit en rêvant qu'il le soumettrait. Au petit matin fut informé que Kubera avait fait tomber les pièces d'or en pluie dans ses coffres.
Raghu est l'ancêtre de Rāma, prince héroïque du Rāmāyaṇa. On raconte que lorsque la vie de Rāma était sur le point de prendre fin, Brahmā envoya Kāla (le temps, le Dieu de la mort) déguisé.

Salutations à Toi, Partisan de Raghu !

35

Oṁ śauraye namaḥ

ॐ शौरये नमः

śauri शौरि «fils de Śūra», patronyme de Vasudeva, père de Kṛṣṇa et Baladeva.

śaurī शौरी héroïque.

śaurya शौर्य héroïsme ; valeur ; prouesse.

śūrā शूरा courageux, brave, hardi, guerrier — héros | Dans le Mahābhārata, Śūra «Le Hardi» est un roi yādava, aussi appelé Śūrasena «à l'armée de braves». Son cadet Vasudeva est le père de Kṛṣṇa.

sā te gatir yā śūrāṇām
सा ते गतिर् या शूराणाम्
(récité à l'*avabhṛtha* (*))
Ta voie est celle des héros.

avabhṛtha(*) cérémonie de purification d'un sacrificateur et de ses instruments après un sacrifice.

Salutations à Toi, Brave Héros !

36

Oṁ mahāvīrāya namaḥ

ॐ महावीराय नमः

mahā महा grand (en espace, en temps, en quantité) ; haut, vaste, éminent, important | riche en — chose importante, connaissance sacrée — En philosophie Sāṁkhya, c'est l'essence [tattva] de l'intellect [buddhi], ou pouvoir de discrimination ; c'est le premier stade d'évolution de la nature [prakṛti], où apparaît la distinction de la qualité [guṇa] | personne éminente, grand homme | Dans la société, c'est le supérieur d'un temple ou d'un monastère.

vīra वीर mâle, guerrier, héros, chef ; courageux, brave ; époux, fils | littérature [esthétique] : l'héroïsme, un des 9 modes artistiques.

Salutations à Toi, Grand Héros !

akṣamālā अक्षमाला

L'akṣamālā est un rosaire, un chapelet.

L'akṣamālā est aussi appelé rudrākṣa, l'«œil de Rudra».

Dans la mythologie, Akṣamālā est un nom de l'avatar d'Arundhatī. Arundhatī est l'épouse de Vasiṣṭha, sage patriarche et fils de Brahmā. Arundhatī est aussi l'étoile d'Alcor. Un brillant aspect de Durgā.

Arundhatī अरुन्धती

a	अ	négation
rundhat	रुन्धत्	assiéger, opprimer, entraver

Que l'on ne peut pas opprimer ou entraver

Les fils de Brahmā

Brahmā ब्रह्मा est le créateur de tous les êtres vivants du monde. Les textes sacrés Purāṇas पुराणस् font encore mention d'innombrables personnes divines qui sont nées de l'esprit et du corps de Brahmā, directement et indirectement. Elles sont énumérées ci-dessous par groupes.

1) **Marīci** मरीचि, **Aṅgiras** अङ्गिरस्, **Atri** अत्रि, **Pulastya** पुलस्त्य, **Pulaha** पुलह et **Kratu** क्रतु. Il est mentionné dans le Mahābhārata, Ādi Parva, chapitre 65, strophe 10, que ces six grands ermites sont nés de l'esprit de Brahmā.

2) **Dhātā** धाता et **Vidhātā** विधाता. Il est mentionné dans le Mahābhārata, Ādi Parva, chapitre 66, strophe 51, que ces deux fils étaient de bons fils nés de Brahmā.

3) **Rudra** रुद्र. Il est mentionné dans l'Agni Purāṇa, chapitre 20, que Brahmā avait un fils rugissant qui s'appelait Rudra.

4) **Svāyaṁbhuva Manu** स्वायंभुव मनु. Il est mentionné dans le Bhāgavata Skandha 11 que Manu Svāyaṁbhuva était le fils de Brahmā.

5) **Kandarpa** कन्दर्प (Kāmadeva कामदेव - Cupidon). Dans le Kathāsaritsāgara, Lāvāṇakalaṁbaka, Taraṅga, 6, il est mentionné que Cupidon est né de l'égoïsme de Brahmā.

6) **Madhuka** मधुक et **Golikā** गोलिका. Dans l'Uttara Rāmāyana, il est mentionné que, de l'habitude ludique de Brahmā sont nés un géant nommé Madhuka et une géante nommée Golikā.

7) **Bhṛgu** भृगु. Il est mentionné dans le Mahābhārata, Ādi Parva, chapitre 5, strophe 8, que l'ermite Bhṛgu était le fils de Brahmā.

8) **Jāṁbavān** जांबवान्. On voit dans le Kaṁpa Rāmāyana que Jāṁbavān est né de la sueur de Brahmā.

9) Les **Sanakas** सनकस्. Dans le Bhāgavata, il est mentionné que les Sanakas (Sanaka, Sananda, Sanātana et Sanatkumāra) sont les fils de Brahmā.

10) Dans le Mahābhārata, Anuśāsana Parva, on trouve un passage qui contient les paroles de **Vasiṣṭha** वसिष्ठ adressées à Bhṛgu, au sujet de la naissance de nombreux fils de Brahmā. « Puis-je te raconter une histoire que j'ai entendue, il y a longtemps, au sujet de la révélation de Brahmā, de lui-même ? »

Cette histoire raconte comment Brahmā a donné naissance aux Prajāpatis प्रजापति en offrant son sperme dans le feu sacrificiel lors du sacrifice de Varuṇa वरुण. (Mahābhārata, Anuśāsana Parva, chapitre 85, strophe 99)

Voici cette histoire :

Le Seigneur Rudra prit la forme de Varuṇa वरुण et accomplit un sacrifice. De nombreux ermites, tous les devas, Agni अग्नि et d'autres, Vaṣaṭk ra वषट्क् र (Exclamation en sacrifice) qui prirent corps, et tous les yajñāṅgas यज्ञाङ्ग vinrent à la salle des sacrifices. Tous les expédients, toutes les gloires qui sont au nombre de milliers prirent forme et vinrent au sacrifice.

Ṛgveda ऋग्वेद vêtu de vêtements d'héroïsme est venu là. Tous les présages, toutes les voix, toutes les émotions, toutes les étymologies de la prononciation des Veda Sūktas वेद सूक्त, tous les svarabhaktikas स्वरभक्तिक, Oṁkāra ओंकार (la syllabe Oṁ ॐ) l'œil de tous les mètres védiques et leurs théories, toutes les restrictions et les dons, tous les Vedas वेद, Upaniṣads उपनिषद्, les accomplissements, Sāvitrī सावित्री, le passé, le futur proche et le futur lointain, tous ceux-là étaient venus là.

Le Seigneur Śiva tenait chacun d'eux. Il offrit son esprit par son esprit. Le sacrifice prit de nombreuses formes et répandit des rayonnements. Paramaśiva est le paradis, est le ciel, la terre, l'éther et le mari de la Terre, le seigneur de tous les accomplissements, le seigneur du rayonnement. Ce Seigneur est glorifié sous les noms de Brahmā, Śiva, Rudra, Varuṇa, Agni et Prabhāvatī प्रभावती. Śiva est le Roi de tous les mondes.

Les pénitences, les sacrifices, les vœux symbolisés par le jeûne, toutes les directions et les dieux des directions, Indra इन्द्र, les servantes célestes, les mères des mondes, tous ceux-ci prirent des formes et vinrent au sacrifice en multitude.
Tous ceux qui assistèrent au sacrifice de Parameśvara, qui était sous la forme de Varuṇa, furent très heureux. En voyant les servantes célestes satisfaites se tenir en rang, la passion s'éleva en Brahmā.

Il eut une décharge séminale.

Āditya आदित्य (le Soleil) prit la terre sur laquelle le sperme était tombé et la jeta dans le feu sacrificiel, qui flamba furieusement.

Brahmā, qui devint l'offrande de l'oblation, eut à nouveau une décharge.

Il le prit dans la louche sacrificielle et, après avoir récité des formules magiques, l'offrit dans le feu sacrificiel comme s'il s'agissait de ghee.

Le puissant sperme contenait les trois attributs de Sattva, Rajas et Tamas. De l'attribut de Rajas surgit le monde vivant qui avait pour but l'activité. La radiance est la qualité de Sattva qui pénétra dans le monde vivant et non vivant. Elle donne la lumière à toute chose. Elle donne aussi le pouvoir de discrimination.

Du sperme offert dans le feu, trois fils avec un corps et les attributs de demi-dieux sortirent. Le mâle qui était né de la flamme appelée « Bharjana » devint Aṅgiras अङ्गिरस्. Le mâle qui était né des charbons ardents devint Kavi कवि. Au-delà de ces trois radiances, d'autres radiances provenaient également du feu sacrificiel. Des Marīcis (rayons) du feu Marīci, le père de Kaśyapa कश्यप est né. De l'herbe Kuśa कुश, répandue sur le sol de la salle du Sacrifice, sont nés les Bālakhilyas बालखिल्य. Atri अत्रि est également né de l'herbe Kuśa. Les nobles ermites appelés Vaikhānasas वैखानस, qui sont devenus puissants par la pénitence et sont devenus le siège de toutes les bonnes qualités, sont nés des cendres sacrificielles. Du courant de feu qui sont les yeux du feu sacrificiel sont nés les beaux Aśvins अश्विन्. Le reste des Prajāpatis प्रजापति est né des oreilles du feu. Des pores de la peau du feu sont nés les ermites, de la sueur les « chandas » (mètre des Védas) et de la puissance, l'esprit.

Pour cette raison, les érudits védiques, les connaisseurs du Śruti et ceux qui voient la supériorité des Védas, disent que le feu est une combinaison de tous les dieux.

Les arbres qui alimentent le feu sont appelés Māsas मासस् (mois), la sève de l'arbre est appelée Pakṣa पक्ष (la moitié du mois, c'est-à-dire de la pleine lune à la nouvelle lune et de la nouvelle lune à la pleine lune), la moelle de l'arbre est appelée nuit et jour et les flammes sont appelées Muhūrtas मुहूर्तस् (moments propices).

Les Rudras रुद्र sont nés du sang du feu et les dieux aux couleurs dorées, les Maitras मैत्र, sont également nés du sang du feu.
De la fumée du feu, sont nés les Vasus वसु.

De la flamme du feu, les Rudras et les Ādityas sont nés au rayonnement extrême.

Les planètes et les étoiles qui se tiennent à leur place dans le ciel sont le charbon du feu.

Brahmā a déclaré que le feu était Brahmā, l'esprit suprême, éternel et dispensateur de tous les souhaits.

Le Mahādeva महादेव sans péché, qui était sous la forme de Varuṇa, a dit : « Ce feu sacrificiel est mien, et je suis le sacrifiant. Ainsi, les enfants nés comme premier fruit de ce sacrifice sont à moi. Ainsi, Bhṛgu, Aṅgiras et Kavi sont sans aucun doute mes fils. Que tous ceux qui se déplacent dans le ciel sachent que ces trois-là sont mes fils, le fruit de mon sacrifice. »

Agni a dit : « Ceux-ci sont nés de mes organes. Ils dépendaient de moi pour leur subsistance. Ainsi, ils sont mes fils. »

Brahmā, le maître de tous les mondes et le grand-père de tous les êtres vivants, dit :

« Ce sont mes fils. J'ai offert mon sperme au feu, et ces fils en sont nés. Comment quelqu'un d'autre pourrait-il les revendiquer ? Ici, je suis celui qui prononce le sort et celui qui offre le sperme. Je suis le propriétaire du sperme. Ne suis-je pas le propriétaire du fruit ? Il n'y a pas de contestation sur le fait que la naissance de Bhṛgu et d'autres est issue de l'offrande de mon sperme. »

Les dieux qui entendirent ces arguments inclinèrent la tête devant Brahmā et le saluèrent en disant :

« Seigneur Brahmā, ce n'est pas seulement nous qui sommes nés de toi, mais le monde entier des vivants et des non-vivants est né de toi. Alors, qu'Agni et Deva sous la forme de Varuṇa réalisent leurs souhaits. »

37

Oṁ vasiṣṭhāya namaḥ **Oṁ arundhatyai namaḥ**

ॐ वसिष्ठाय नमः **ॐ अरुन्धत्यै नमः**

Vasiṣṭha वसिष्ठ [superlatif de vasu «trésor»] le plus riche ; le plus éminent ; le meilleur — Vasiṣṭha est le saptarṣi à qui l'on attribue des hymnes du Ṛgveda. Il est un brahmarṣi d'une grande pureté, né du souffle [prāṇa] de Brahmā. Selon le Matsya Purāṇa, il naquit du sperme répandu par les radieux Mitra et Varuṇa [Mitrāvaruṇau] à la vue de la nymphe Urvaśī. Il a la connaissance parfaite du brahmane [brahmaniṣṭha]. Ses vœux sont exaucés par sa vache d'abondance Nandinī-Śabalā.

Arundhatī अरुन्धती «Découverte», épouse de Vasiṣṭha. Aux cérémonies de mariage, le marié l'invoque comme exemple de fidélité conjugale et le prêtre montre à la future épouse l'étoile Alcor qui la symbolise. | Astronomie: c'est l'étoile Alcor de la Grande Ourse. Peu visible, on la découvre en la désignant indirectement par son compagnon, l'étoile principale Mizar, qui symbolise son époux Vasiṣṭha.

Salutations à Toi, **Vasiṣṭha-Arundhatī** !

38

Oṁ akṣamālādharāya namaḥ

ॐ अक्षमालाधराय नमः

akṣan अक्षन् œil | Dans la philosophie Sāṁkhya, c'est le sens de la vue. Son régent est Āditya. La perception associée est la forme [rūpa]. Cakṣus est un synonyme. | akṣī : les (2) yeux | védique : le Soleil et la Lune.

akṣa अक्ष graine d'Elæocarpus sphæricus utilisée dans les chapelets.

akṣamālā अक्षमाला rosaire, chapelet | mythologie : Akṣamālā est un avatar d'Arundhatī.

dhara धर qui porte, qui soutient ; qui transporte ; qui préserve — montagne | mythologie : épithète de Viṣṇu-Kūrma | mythologie : Dhara est le Sol terrestre, personnifié comme l'un des 8 Trésors [vasu].

Salutations à Toi, Qui portes le Chapelet !

39

Oṁ paulastyāya namaḥ

ॐ पौलस्त्याय नमः

paulastyā पौलस्त्या relatif à Pulastya.

Pulastya पुलस्त्य sage [ṛṣi] et géniteur [prajāpati], né de l'esprit de Brahmā. Selon le Mahābhārata, c'est l'un des sept sages [saptarṣi]. Selon le Rāmopākhyāna, il est père de Kubera par Go-Sarasvatī. Mais, fâché que celui-ci honore son grand-père Brahmā, il se recréa [dvija] sous la forme de Viśravā, enfanté de Māninī pour lui servir d'écran et que Kubera soit Vaiśravaṇa (de la lignée de Viśravā). De la commencera l'épopée du Ramāyāṇa.

Salutations à Toi, Père du Sage Pulastya !

40

Oṁ nāradāya namaḥ

ॐ नारदाय नमः

Nārada नारद «Qui divise les hommes», Sage [ṛṣi] et géniteur [prajāpati]. Il est fils de Brahmā. Sur son refus de procréer, son père le condamna à vivre une vie dissolue de 100 000 ans comme centaure-gandharva avant que de renaître comme fils d'une servante. Adolescent d'une grande beauté, parfait adorateur du Divin, maître du yoga, il est messager des dieux, musicien céleste et patron des bardes. Il inventa la vīṇā. C'est un oracle, qui informe les hommes de leur destinée.

Salutations à Toi, Père du Sage Nārada !

41

Oṁ prajāpataye namaḥ

ॐ प्रजापतये नमः

prajā प्रजा procréation ; progéniture ; descendant; race, postérité | créature, homme ; sujet (du royaume) | enfants ; race, lignée.

pati पति mari, maître, seigneur de.

prajāpati प्रजापति «le Seigneur des créatures» dans la mythologie, Prajāpati est un démiurge. C'est une épithète de la moitié mâle **Virāṭ*** de Brahmā, le Créateur.

En astronomie, il préside l'étoile [nakṣatra] d'Aldébaran [Rohiṇī]. À l'Aurore du Monde, il commit l'inceste primordial avec sa fille Uṣā sous la forme d'un daim [mṛga], et fut épinglé au ciel comme Mṛgaśiras par Rudra.

Dans la philosophie [Sāṁkhya], il est le régent [niyantṛ] de la faculté de reproduction [upastha].

On l'invoque parfois comme Ka «Lui».

Il personnifie l'an 5 d'un cycle de vie [saṁvatsara].

Dans le texte sacré Śiva Purāṇa, Prajāpati créa l'Univers en proférant bhūr bhuvar svaḥ.

Dans la philosophie, Prajāpati est aussi le Cosmos [Puruṣa] démembré en 5 directions de l'espace [diś].

Enfin, dans la mythologie, prajāpati est un démiurge en général, notamment l'un des 10 géniteurs, esprits issus de Brahmā (ou créés par Manu-Svāyaṁbhuva) pour peupler le monde. La liste traditionnelle des géniteurs comprend les 7 patriaches [saptarṣi] : Marīci, Atri, Aṅgirā, Pulastya, Pulaha, Kratu, Vasiṣṭha, auxquels on ajoute : Dakṣa, Bhṛgu et Nārada. On inclut aussi parfois Gautama, Bharadvāja, Viśvāmitra, Jamadagni, Kaśyapa, Tvaṣṭā, et aussi Kardama.

***virāṭ** विराट् dans la mythologie, Virāṭ est la Puissance Créatrice ou la Nourriture Divine personnifiée. C'est aussi une épithète de Prajāpati, ou première création de Brahmā issue de sa moitié mâle, donnant naissance par sa moitié femelle Śatarūpā à Manu-Svāyaṁbhuva, qui engendra les 10 géniteurs [prajāpati]. Dans la philosophie, virāṭ est le Cosmos manifesté, support physique de l'Univers, autrement dit le macrocosme. Dans la phonétique, virāṭ est le nom d'un mètre [chandas] védique.

Salutations à Toi, Seigneur des Créatures !

42

Oṁ bṛhaspataye namaḥ

ॐ बृहस्पतये नमः

bṛh बृह्. accroissement de force ; puissance.

pati पति mari, maître, seigneur de.

bṛhaspati बृहस्पति «maître de (la prière qui fait) la puissance (des dieux)».
Dans la mythologie védique, bṛhaspati est une épithète de Bṛhaspati «Maître de la Force». Bṛhaspati est le fils d'Aṅgirā, le dieu du feu en tant que pouvoir d'illumination, et de Śraddhā, la dévotion personnifiée. Il est le premier d'entre les chantres du feu. Il est l'Incantation personnifiée, dieu de la piété, prêtre divin et magicien, il est chapelain [purohita] et précepteur [ācārya] des dieux. À ce titre, on l'appelle Guru, Suraguru, Dhiṣaṇa. Il est aussi le "Maître de la Parole», Vācaspati, Vāgīśa. Il dirige l'influence [graha] de la planète Jupiter dont il est régent. Son char est tiré par huit chevaux jaunes. Son épouse est Tārā «Étoile», qui lui fut ravie par Candra «Lune», provoquant une guerre entre les dieux et les démons [tārakāmayayuddha]. Kaca, Śaṁyu, Kuśadhvaja sont ses fils. Il s'incarna sur Terre comme l'archer insurpassable Droṇa.

Salutations à Toi, Seigneur de la Puissance Divine !

43

Oṁ viriñcaye namaḥ

ॐ विरिञ्चये नमः

vi वि qui implique différents êtres | privatif, dispersion ; loin de, en dehors de, privé de, séparé de, distingué de ; en opposition avec. | oiseau | être véloce (notamment cheval, flèche, vent).

rac रच् faire, former, arranger, préparer ; façonner, construire, créer.

viriñca विरिञ्च Dans la mythologie, c'est un nom de Brahmā.

Salutations à Toi, Créateur Prolifique !

44

Oṁ sraṣṭre namaḥ

ॐ स्रष्ट्रे नमः

sru स्रु couler, s'écouler, se répandre ; jaillir de, émaner de | fuir (d'un récipient), disparaître ; venir avant terme, avorter.

sraṣṭṛ स्रष्टृ «qui fait couler», producteur, créateur | Dans la mythologie, Sraṣṭā est une épithète de Brahmā «le Créateur».

Salutations à Toi, le Créateur qui se déverse !

45

Oṁ annadātre namaḥ **Oṁ annapūrṇāyai namaḥ**

ॐ अन्नदात्रे नमः **ॐ अन्नपूर्णायै नमः**

anna अन्न aliment, nourriture ; riz bouilli ; céréale.

dātṛ दातृ qui accorde, qui permet ; qui donne, qui prête ; libéral, généreux ; donateur, mécène, fondateur ; prêteur, créancier — dātrī : généreuse, donatrice.

annapūrṇā अन्नपूर्णा plein de nourriture, épithète de Durgā «Nourisissière».

Salutations à Toi, **Généreux.se Nourricier.ière !**

46

Oṁ janānandāya namaḥ

ॐ जनानन्दाय नमः

jan जन् naître (de) | se produire, arriver ; devenir — engendrer, enfanter | produire, causer.

ānanda आनन्द joie, félicité ; plaisir ; béatitude, joie extatique | Dans la philosophie Vedānta, ānanda est la Joie de l'union Divine. | En astronomie, Ānanda «Joyeux», personnifie l'an 48 d'un cycle de vie [saṁvatsara]. | En philosophie Vedānta, saccidānanda est la Joie dans l'identification brahman-ātman.

Salutations à Toi, Qui engendres la Joie !

47

Oṁ suraśreṣṭhāya namaḥ

ॐ सुरश्रेष्ठाय नमः

sur सुर् avoir des pouvoirs surnaturels | briller.

sura सुर dieu, divinité. Sura est un synonyme de deva.

śreṣṭha श्रेष्ठ superlatif de śrī, meilleur, excellent en quelque chose | le premier, le meilleur, le plus beau parmi | l'aîné — roi ; brahmane | lait de vache. Dans la mythologie, śreṣṭha est une épithète de Kubera ou de Viṣṇu.

suraśreṣṭha सुरश्रेष्ठ «le meilleur des dieux», épithète de Viṣṇu, de Śiva, de Dharma, de Gaṇeśa, d'Indra etc...

Salutations à Toi, Le Meilleur des Dieux !

48

Oṁ surendrāya namaḥ

ॐ सुरेन्द्राय नमः

sur सुर् avoir des pouvoirs surnaturels | briller.

sura सुर dieu, divinité ; synonyme de deva.

Indra इन्द्र dieu cosmogonique, qui sépara le Ciel et la Terre. Il est le premier récipiendaire des sacrifices solennels. Il est l'aîné des 33 fils d'Aditi et Kaśyapa.

Dieu batailleur de l'orage, seigneur du ciel svarga, il est le roi des dieux. Il est ivre de l'élixir d'immortalité. Son char aérien est tiré par le cheval Uccaiḥśravā, son cocher est Mātali, ses assistants sont les Trésors [vasavas]. Son arme est le missile-foudre [vajra], forgé par Tvaṣṭā. Son arc magique est l'arc-en-ciel [śakradhanus].

Brahmā porte une conque divine à l'intention d'Indra. (Mahābhārata, Sabhā Parva, chapitre 53, Strophe 14). Un jour, Brahmā a fait un discours à Indra इन्द्र sur l'importance d'offrir une vache en cadeau. (Mahābhārata, Anuśāsana Parva, chapitre 74, strophe 2).

Indra libéra les eaux et permit la vie.

Śacī-Indrāṇī est son épouse. Jayanta est son fils et Jayantī est sa fille. À noter que Sarasvatī rayonne à la cour d'Indra (Sabhā Parva, chapitre 7, verset 19).

Il s'incarna sur Terre comme le roi Gādhi.

Pour le punir de son arrogance, Śiva le jeta dans un cachot où croupissaient déjà 4 Indrās des temps jadis, qui par punition s'incarnèrent en guerriers (ce seront les Pāṇḍavās du Mahābhārata) pour ne regagner le paradis d'Indra qu'à leur mort.

Indra est le gardien [dikpāla] de la direction de l'Est. Dans la philosophie Sāṁkhya, il est le régent [niyantṛ] de la faculté de préhension [pāṇi].

En astronomie, Indra préside le nakṣatra Citrā (Épi de la Vierge) ainsi que celui de Jyeṣṭhā (Antarès), et parfois celui de Śatabhiṣak (λ du Verseau).

Salutations à Toi, Dieu des Dieux !

yajña यज्ञ

Yajña signifie dévotion, prière ; acte sacré — sacrifice ; rite solennel | C'est une cérémonie d'offrande d'un fidèle [yajamāna] effectuée par un prêtre, selon le rite du sacrifice védique. | Dans la mythologie, c'est le sacrifice personnifié, épithète de Viṣṇu ou Indra.

> agnaye tvā juṣṭaṁ nirvapāmi [Veda]
> अग्नये त्वा जुष्टं निर्वपामि [वेद]
>
> Ô Agni (Dieu du Feu), je te fais cette offrande.

Brahmā et brahmanes

Brahmā ब्रह्मा a des «représentants» sur Terre. Ce sont les humains de 1ère classe védique : les brahmanes [brahman / Brāhmaṇa].

brahman ब्रह्मन्

bṛh	बृह्	augmenter, croître, (a)grandir ; s'étendre ; devenir fort ; fortifier.
-man	मन्	en grammaire, c'est la forme des substantifs primaires.

Qui déploie (le Verbe) ; qui expanse (l'Univers)

La définition de *brahman* dans le dictionnaire franco-sanskrit *L'Héritage* est la suivante :

Brahman ब्रह्मन् «qui possède le brahmane (de naissance, dans son nombril, doublement dans son cordon)», brahmane en général.
C'est aussi le prêtre en chef du sacrifice védique ; il ne fait qu'observer le sacrifice, pour en rectifier les erreurs possibles et le «guérir». Il est ainsi qualifié de soigneur [bhiṣaj].
Selon le Ṛgveda Saṁhitā, c'est aussi un hymne sacré | la parole, le Verbe. | texte sacré, théologie | dévotion, condition ou caste des brahmanes.

Continuons l'enquête avec le nom dérivé *brāhmaṇa* :

Brāhmaṇa ब्राह्मण relatif ou convenant à un brahmane — brahmane, personne de la première classe védique [varṇa] | Au pluriel, brāhmaṇās est la classe des brahmanes : les prêtres en font partie, mais beaucoup sont cuisiniers, ne pouvant accepter la nourriture préparée par des personnes de classe inférieure. Ils portent le cordon sacré [upavīta] à partir de leur investiture [upanayana] —nom générique d'ouvrages complémentant la saṁhitā védique.

> yato vāco nivartante aprāpya manasā saha
> [Taittirīya Upaniṣad]
> यतो वाचो निवर्तन्ते अप्राप्य मनसा सह [तैत्तिरीय उपनिषद्]
>
> (Le brahman) est d'où les paroles retournent, incapables de l'atteindre avec l'esprit.

Le brahmane, le prêtre védique, a des **devoirs** qui incombent à sa caste [ṣaṭkarmāni] :

- la lecture,
étude personnelle et récitation du Veda [Vedādhyayana],
- l'enseignement du Veda [Vedādhyāpana],
- la célébration du sacrifice (pour soi), [Yajana],
- la performance du sacrifice (pour d'autres)[Yājana]
- le don de l'aumône [Dāna],
- l'acceptation des offrandes [Pratigraha].

(Un brahmane de rang inférieur [trikarmin] ne peut effectuer que le Vedādhyayana, Yajana et Dāna.)

Les devoirs religieux quotidiens sont :

- le bain rituel [snāna],
- la prière aux trois moments sacrés [saṁdhyājapa],
- l'adoration du brahmane [brahmayajña],
- la libation aux mânes [tarpaṇa],
- l'oblation au foyer [homa],
- le rite d'adoration divine [devapūjā].

Les **moyens de subsistance** d'un brahmane sont :

- le glanage [ṛta],

ṛta : clair, vrai, pur ; convenable, correct ; régulier — règle morale, droit ; ordre établi, justice | coutume sacrée ; œuvre pieuse ; prière, foi | agencement exact ; loi divine, ordre cosmique ; vérité suprême | le glanage, moyen de subsistance convenable pour un brahmane.

- les aumônes non sollicitées [amṛta],

amṛta : immortel ; impérissable — épithète de différents dieux — immortalité ; paradis ; éternité | nectar, ambroisie, source d'immortalité des dieux ; breuvage apporté par Dhanvantari lors du barattage de la mer de lait qui fut distribué aux dieux par Mohinī | aumône volontaire, moyen de subsistance convenable pour un brahmane.

- les aumônes sollicitées [mṛta],

mṛta : mort, abattu ; parti, disparu, consumé — mort | mendicité, moyen de subsistance convenable pour un brahmane.

satyaṁ hyeva brahma [Bṛhadāraṇyaka Upaniṣad] सत्यं ह्येव ब्रह्म [बृहदारण्यक उपनिषद्] L'Être est la Vérité même.

Il existe d'autres moyens de subsistance, mais ils ne sont pas convenables pour un brahmane :

- l'agriculture [karṣaṇa ou anṛta],

karṣaṇa : fait de tirer, de traîner, d'attirer vers soi ; extraction | fait de tourmenter | labourage, culture ; champ cultivé | c'est un moyen de subsistance non convenable pour un brahmane.

anṛta : faux, mensonger ; contraire à l'ordre universel – fausseté, mensonge ; mauvaise action, péché | l'agriculture (qui fait mal à la Terre) ; c'est un moyen de subsistance impropre à un brahmane ; Anṛta «Mensonge» est fils d'Adharma dans la mythologie.

- le commerce [satyānṛta]

satyānṛta : à la fois vrai et faux ; vrai-faux – la vérité et le mensonge | Au sens figuré, c'est le commerce, les affaires ; c'est un moyen de subsistance non convenable pour un brahmane.

- la servitude [śvavṛtti].

śvavṛtti «vie de chien», esclavage, servitude ; ce mode de vie est impropre au brahmane.

Le sacrifice védique

Le sacrifice védique est donc un devoir du brahmane, qui se fait au bénéfice d'un sacrifiant. L'exécution du sacrifice [yājanapratigraha] et la réception de dons sont les deux privilèges des brahmanes.

> kasmai devāya haviṣā vidhema [Ṛgveda Saṁhitā]
> कस्मै देवाय हविषा विधेम [ऋग्वेद संहिता]
>
> À quel dieu devons-nous offrir l'oblation ?

Le sacrifice védique suit la tradition avec 7 prêtres, dont le brahmane. Voici la répartition et la fonction des prêtres :

* **Udgātṛ** उद्गातृ prêtre-chantre de sāman dans le rite solennel. Le sāman est un hymne de louange, des chants védiques, mélodie liturgique pour le Ṛgveda, chantée par l'udgātṛ. Ses trois aides sont :

Prastotṛ प्रस्तोतृ prêtre assistant de l'udgātṛ, qui chante le prastāva (prélude d'un sāman).

Pratihartṛ प्रतिहर्तृ «celui qui arrête», prêtre assistant de l'udgātṛ dans le rite solennel védique. Il chante la partie terminale d'un hymne [pratihāra].

Subrahmaṇya सुब्रह्मण्य «dévoué aux brahmanes»

* **Hotṛ** होतृ est le prêtre qui récite les hymnes du Ṛgveda prescrits pour un sacrifice. Il est le premier des 7 prêtres des rites solennels, devant le potṛ, le neṣṭṛ, l'agnīdh, l'adhvaryu, le praśāstṛ et le brahman. Il a des assistants :

Praśāstṛ प्रशास्तृ «directeur» ou **Maitrāvaruṇa** मैत्रावरुण, l'un des 7 ou 16 prêtres officiants à un sacrifice solennel. C'est le premier assistant du hotṛ. Il donne la commande [praiṣa] d'exécuter un acte rituel.

Acchāvāka अच्छावाक « qui récite avec pureté».

Grāvastut ग्रावस्तुत् «qui fait l'éloge des meules à soma».

Brāhmaṇācchaṁsin ब्राह्मणाच्छंसिन् «qui récite selon le brāhmaṇa» ; il récite les hymnes honorant Indra.

Āgnīdhra आग्नीध्र prêtre entretenant le feu sacré. C'est l'un des prêtres qui assistent le prêtre en chef [brahman] dans le sacrifice védique.

* **Adhvaryu** अध्वर्यु est le prêtre officiant du sacrifice solennel, chargé des actes rituels. Il construit l'autel, prépare les instruments rituels et le foyer, amène et immole les animaux sacrificiels éventuels. Il prononce les formules de la yajuḥsaṁhitā. Il fait l'oblation de beurre [ghṛta] dans le feu āhavanīya. Il est accompagné du hotṛ et

de l'udgātṛ, tous supervisés par le brahman. Ses aides sont :

Agnīdh अग्नीध् prêtre chargé d'attiser et d'entretenir les feux du sacrifice. Il est le premier assistant de l'adhvaryu.

Pratiprasthātṛ प्रतिप्रस्थातृ.

Potṛ पोतृ «purificateur» l'un des 7 ou 16 prêtres officiants à un sacrifice védique.

Neṣṭṛ नेष्टृ un des prêtres qui guide la femme du sacrifiant et prépare la surā (boisson spiritueuse).

> śrutaṁ tusarvānatyeti ।
> naśrutaṁ atīyādadhidaivam
> athādhyātmam adhiyajñam iti trayam ।
> mantreṣu brāhmaṇe caiva śrutam ity abhidhīyate ॥
> श्रुतं तुसर्वानत्येति ।
> नश्रुतं अतीयादधिदैवम् अथाध्यात्मम् अधियज्ञम् इति त्रयम् ।
> मन्त्रेषु ब्राह्मणे चैव श्रुतम् इत्य् अभिधीयते ॥
>
> La Révélation surpasse tout ; la révélation ne doit pas être transgressée ; elle concerne le Divin, mais aussi le Soi et le Sacrifice, le Triple (sujet) ; seuls les hymnes et leurs suppléments brāhmaṇa sont nommés Révélation.

49

Oṁ brāhmaṇe namaḥ

ॐ ब्राह्मणे नमः

brāhmaṇa ब्राह्मण relatif ou convenant à un brahmane. Un brahmane est une personne de la première classe védique [varṇa]. On retrouve dans la classe des brahmanes, les prêtres, mais beaucoup sont cuisiniers, ne pouvant accepter la nourriture préparée par des personnes de classe inférieure. Les brāhmaṇa portent le cordon sacré [upavīta] à partir de leur investiture [upanayana].

Dans la société védique, on distingue 4 classes majeures. Il est vu dans le Bhāgavata, Skandha 11, que le système des castes est sorti de la bouche de Brahmā :

- 1ère classe : brāhmaṇa (les prêtres/cuisiniers),
- 2ème classe : kṣatriya (les souverains et les guerriers),
- 3ème classe : vaiśya («homme du peuple», travailleur)
- 4ème classe : śūdra (serviteur)

Cāturvarṇyaṁ mayā sṛṣṭaṁ guṇakarmavibhāgaśaḥ
[Bhagavad Gītā]
चातुर्वर्ण्यं मया सृष्टं गुणकर्मविभागशः [भगवद् गीता]

J'ai créé les quatre classes
en rétribution des mérites et des actes.

Salutations à Toi, Brahmane !

50

Oṁ brāhmaṇapriyāya namaḥ

ॐ ब्राह्मणप्रियाय नमः

brāhmaṇa ब्राह्मण relatif ou convenant à un brahmane. Un brahmane est une personne de la première classe védique [varṇa]. On retrouve dans la classe des brahmanes, les prêtres, mais beaucoup sont cuisiniers, ne pouvant accepter la nourriture préparée par des personnes de classe inférieure. Les brāhmaṇa portent le cordon sacré [upavīta] à partir de leur investiture [upanayana].

priya प्रिय cher, aimé ; amical, agréable | qui aime, qui apprécie ; épris de, attaché à — bien-aimé, mari, amant.

Un jour, Brahmā parla de la noblesse des brahmanes.

(Mahābhārata, Anuśāsana Parva, chapitre 35, Dākṣiṇātya Pāṭha).

Salutations à Toi, Qui aimes les Brahmanes !

51

Oṁ bhārgavāya namaḥ

ॐ भार्गवाय नमः

bhārgava भार्गव issu de, relatif à Bhṛgu* — Dans la mythologie, Bhārgava «De la race de Bhṛgu» est le patronyme de sages tels que Paraśurāma, Jamadagni, Śukra, Gṛtsamada, etc... | Bhārgava c'est aussi la lignée des descendants de Bhṛgu. Les Bhārgavās étaient les précepteurs [guru] héréditaires des rois Haihayās. | Dans la société védique, c'est le nom de lignée [gotra] brahmane | Dans le Mahābhārata, bhārgava est le nom d'une arme donnée par Paraśurāma à Karṇa.

***Bhṛgu** भृगु «Crépitant» est un grand sage [maharṣi]. C'est aussi un géniteur [prajāpati], né de la poitrine de Brahmā, ou bien né du dieu du Feu, Agni, au cours d'un brahmayajña dirigé par Varuṇa, le dieu des liens et des eaux. Il fut élevé par Varuṇa et Carṣaṇī. Son épouse est la belle et vertueuse Pulomā. Il est père de Śukra et de Cyavana. Il officia au sacrifice de Dakṣa, et Śiva lui arracha la barbe.

Salutations à Toi, Lignée de Bhṛgu !

52

Oṁ liṅgine namaḥ

ॐ लिङ्गिने नमः

liṅginī लिङ्गिनी qui porte une marque ou un signe | caractérisé par | qui porte un signe trompeur ; hypocrite ; qui a l’apparence de — brahmane ou ascète portant une marque le caractérisant.

Salutations à Toi, Brahmane Reconnaissable !

53

Oṁ brahmagarbhaya namaḥ **Oṁ brāhmayai namaḥ**

ॐ ब्रह्मगर्भय नमः **ॐ ब्राह्मयै नमः**

brahman ब्रह्मन् «qui possède le brahmane (de naissance, dans son nombril, doublement dans son cordon)», brahmane en général. C'est aussi le prêtre en chef du sacrifice védique ; il ne fait qu'observer le sacrifice, pour en rectifier les erreurs possibles et le «guérir». Il est ainsi qualifié de soigneur [bhiṣaj]. Selon le Ṛgveda Saṁhitā, c'est aussi un hymne sacré | la parole, le Verbe. | texte sacré, théologie | dévotion, condition ou caste des brahmanes.

garbha गर्भ intérieur de quelque chose ; appartement privé, sanctuaire | matrice ; sein maternel ; ventre | germe vivant ; embryon, fœtus | dépôt consacré dans un temple en construction | vapeurs atmosphériques, rosée | lit d'une rivière.

Brāhmī ब्राह्मी śakti de Brahmā, une saptamātṛkā. Elle est aussi Sarasvatī-Vāk, la Parole de Brahmā, et Medhāvinī, la Savante.

Salutations à Toi, **Matrice du Brahmane !**

54

Oṁ devādhyakṣāya namaḥ

ॐ देवाध्यक्षाय नमः

deva देव brillant | divin — dieu «être de lumière» |En philosophie, c'est la personnification d'une manifestation de la puissance divine ; un aspect du transcendant | au pluriel, devās sont les dieux ; la tradition en donne une liste conventionnelle de 33 | roi, sa majesté.

adhyakṣā अध्यक्षा «sous les yeux», perceptible, observable | qui supervise, qui préside — observateur, témoin | inspecteur ; superintendant ; président.

Salutations à Toi, Qui présides les Dieux !

55

Oṁ yajuṣaṁ pataye namaḥ

ॐ यजुषां पतये नमः

yaj यज् offrir le sacrifice, sacrifier (pour un autre) | honorer une divinité d'un sacrifice | offrir en sacrifice | sanctifier un endroit (par un sacrifice).

yajus यजुस् formule sacrificielle en prose à murmurer (même étymologie que yajurveda).

yajuṣi यजुषि grammaire : dans une formule sacrificielle en prose.

pati पति mari | philosophie śaiva : la condition de maître — maître, seigneur de.

Salutations à Toi, Maître des Sacrifices !

56

Oṁ suyajñāya namaḥ

ॐ सुयज्ञाय नमः

su सु bon, bien, correct ; beau, joli, agréable ; très.

yajña यज्ञ dévotion, prière; acte sacré — sacrifice ; rite solennel | cérémonie d'offrande d'un fidèle effectuée par un prêtre, selon le rite du sacrifice védique. | adoration ; vénération rituelle | Dans la mythologie, c'est le sacrifice personnifié. C'est une épithète de Viṣṇu ou Indra.

Salutations à Toi, Au Sacrifice Correct !

57

Oṁ vārāhāya namaḥ

ॐ वाराहाय नमः

vārāha वाराह relatif au sanglier, à l'avatāra Varāha*.

***Varāha** वराह sanglier, verrat, porc. Dans la mythologie, Varāha est un Sanglier cosmique, 3ième avatāra de Viṣṇu, qui plongea dans les eaux pour sauver Bhūmi, la Terre, qui y avait été plongée par le démon daitya Hiraṇyākṣa au début du présent kalpa.

Salutations à Toi, Allié de Viṣṇu-Varāha !

58

Oṁ śaṅkarāya namaḥ **Oṁ śivānujāyai namaḥ**

ॐ शङ्कराय नमः **ॐ शिवानुजायै नमः**

śaṅkara शङ्कर bienfaisant, qui apporte le bonheur ou la prospérité. Dans la mythologie, Śaṅkara ou Śaṁkara शंकर est une épithète de Śiva « accordant sa bénédiction ».

Śiva शिव à l'origine, Śiva est une puissance destructrice tapageuse qui sera élevée en principe divin transcendant suprême Śiva Maheśvara. Śiva signifie favorable, propice, prospère, bienfaisant. Son épouse est la Fille de la Montagne Pārvatī, qui incarne son Inaccessible (Durgā) Puissance (Śakti). Ils ont 2 fils : le dieu-éléphant Gaṇeśa et le chef d'armée des dieux Skanda. Patron des ascètes, Śiva médite au sommet du mont Kailāsa dans l'Himālaya.

anuja अनुज puîné, plus jeune — sœur cadette.

Salutations à Toi, **Sœur/Allié de Śiva-Śaṅkara !**

59

Oṁ trilocanāya namaḥ

ॐ त्रिलोचनाय नमः

tri त्रि trois, trois fois

locana लोचन qui illumine, qui éclaire — œil ; regard.

trilocana त्रिलोचन «aux trois yeux», une épithète de Śiva.

Salutations à Toi, Aux 3 Yeux !

60

Oṁ virūpākṣāya namaḥ

ॐ विरूपाक्षाय नमः

virūpa विरूप multicolore, multiforme ; varié, différent - déformé, défiguré ; laid ; difforme, monstrueux.

akṣan अक्षन् œil | Dans la philosophie Sāṁkhya, c'est le sens de la vue ; son régent est Āditya ; la perception associée est la forme [rūpa]. | au pluriel akṣī sont les (2) yeux | En védique, c'est le Soleil et la Lune.

virūpākṣa विरूपाक्ष qui a les yeux déformés ; qui a de nombreux yeux | Virūpākṣa est une épithète de Śiva «aux trois yeux».

Salutations à Toi, Au Regard Varié !

Akṛtabuddhi अकृतबुद्धि

akṛta : non préparé ; pas mûr ; non cuit.
buddhi : esprit, intelligence, réflexion.

«dont l'esprit n'est pas mûr», ignorant.

Le trimala sont les 3 péchés originaux, issus de l'ignorance :

péché grossier : croire en son libre arbitre,
péché subtil : considérer son corps et ses possessions comme son soi,
péché très subtil : réduire la conscience à une limite finie.

kathaṁ bandhaḥ kathaṁ mokṣaḥ kā vidyā kāvidyeti [Sarvasāropaniṣad]
कथं बन्धः कथं मोक्षः का विद्या काविद्येति [सर्वसारोपनिषद्]

Comment sommes-nous enchaînés,
comment sommes-nous délivrés ?
Par la connaissance, ou par l'ignorance ?

Brahmā et la géante Karkkaṭī

Karkkaṭī कर्क्कटी est une ogresse géante [rākṣasī] qui vivait autrefois sur le versant nord des Himālayas हिमालय. En raison de l'immensité de son corps et de la pénurie de nourriture, elle devint affamée et féroce. Elle commença à faire pénitence pour apaiser sa faim et sa soif : Elle se tint sur une jambe dans les Himālayas, fixant ses yeux sur le Soleil pendant le jour et sur la Lune pendant la nuit. Cette sévère pénitence dura mille ans.

Puis Brahmā ब्रह्मा apparut devant elle et lui dit qu'elle pouvait demander n'importe quelle faveur. Elle répondit : « Je souhaite devenir une Sūcī सूची (aiguille) aussi dure que le fer, ayant la forme d'une maladie. C'est la faveur pour laquelle je prie, Brahmā. »

Brahmā la bénit et dit : « Qu'il en soit ainsi, ma fille, tu seras une sūcikā सूचिका (aiguille) avec le préfixe « V » qui est Viśūcikā विशूचिका (choléra spasmodique). Tu peux manger ceux qui mangent de la nourriture rassise, ceux qui sont méchants, ceux qui s'assoient dans des endroits où ils ne devraient pas s'asseoir et ceux qui ont le cœur dur. Entre dans leur corps et agis sur leur cœur, leur rate et leur souffle de vie. Ainsi, accomplis-tu l'œuvre de destruction. Tu peux affecter à la fois les bons et les mauvais.

Mais les bonnes personnes ne doivent pas être tuées. Alors pour les sauver de la mort, tu utiliseras ce mantra :

« Oṁ, hrāṁ, hrīṁ, śrīṁ, śāṁ, viṣṇuśaktaye, namaḥ ;
bhagavati viṣṇuśakti ehi,
enāṁ hara hara :
dehe hana hana ? paca paca !
matha matha :
utsādaya utsādaya : dūre kuru kuru svāhā - viṣūcike !
tvaṁ himavantaṁ gaccha ?
jīvasaraḥ candramaṇḍalaṁ gatāsi svāhā. »

ॐ ह्रां ह्रीं श्रीं शां विष्णुशक्तये नमः
भगवति विष्णुशक्ति एहि
एनां हर हर
देहे हन हन ? पच पच !
मथ मथ
उत्सादय उत्सादय : दूरे कुरु कुरु स्वाहा - विषूचिके !
त्वं हिमवन्तं गच्छ ?
जीवसरः चन्द्रमण्डलं गतासि स्वाहा

En disant ces mots, Brahmā disparut. Karkkaṭī rendit son corps de plus en plus petit et prit finalement la forme d'une aiguille. Après quoi, elle commença son travail en entrant dans le corps de ceux qui avaient perdu leur énergie à cause de la maladie, sous la forme d'une aiguille de goutte et causa le choléra. Elle entra aussi dans le corps de ceux qui étaient maigres, usés et las, sous la forme du choléra interne.

Prenant ainsi deux corps (la géante et l'aiguille) et tuant d'innombrables personnes, elle voyagea longtemps sur terre et dans le ciel, jusqu'à ce qu'elle-même ressente du dégoût pour son travail.

Lorsqu'elle se souvint de sa forme originelle, elle détesta la forme d'aiguille. Karkkaṭī se rendit de nouveau dans les environs des Himālayas et commença à faire une pénitence sur mille ans.

Ainsi, elle devint pure et par le pouvoir de la pensée, elle acquit la connaissance spirituelle. Elle voulut alors être sauvée du mirage de la naissance et de la mort, et pour cela elle fit pénitence pendant mille nouvelles années, au terme desquels Brahmā, très satisfait, lui apparut et lui dit :

« Fille Karkkaṭī, toute l'obscurité est effacée de ton cœur et tu as atteint la délivrance de l'illusion. Maintenant, je vais te bénir selon ton souhait. Reçois ton corps originel et marche dans les mondes en mangeant les ignorants, les mauvais débutants, les imprudents, ceux qui s'assoient dans les mauvais endroits et demeurent dans les mauvais endroits. »

Elle redevint une géante, mais comme elle avait atteint la pureté de l'âme, elle s'engagea dans une méditation profonde qui était libre de tout doute. La méditation dura longtemps.

Finalement, son esprit vacilla. Puis elle se souvint des choses du monde et ressentit la faim. Elle se rappela : «Brahmā a ordonné que les méchants soient ma nourriture. Je les chercherai donc. »

Pensant ainsi, elle se rendit dans une jungle à proximité des Himālayas. C'était le lieu de résidence des forestiers. Dans cette nuit noire, le roi et le ministre des forestiers s'approchèrent de l'endroit où Karkkaṭī était assise. Karkkaṭī en les voyant se mit à penser : « voyons d'abord s'ils sont bons ou mauvais. »

Elle décida donc de leur poser quelques questions. Elle leur demanda d'une voix tonitruante : « Qui êtes-vous ? Êtes-vous des sages éclairés ou des imbéciles ignorants ? Dites-le vite. »

Le roi des forestiers entendant cela répondit d'une manière cynique. « Toi, insignifiant fantôme ? Quelle est ta forme ? Où es-tu assise ? Fais-nous voir ton corps impuissant. Qui peut avoir peur de ta voix qui ressemble au bourdonnement d'un scarabée ? »

En entendant cette réponse, Karkkaṭī montra ses défenses et rit bruyamment, pour répandre la lumière et les terrifier. Ils entendirent le fort rugissement de son rire et virent sa forme énorme dans la lumière. Mais ces puissants héros ne furent pas du tout ébranlés par le son qu'ils entendirent ou par la vision dont ils furent témoins.

Le ministre la regarda et dit : « Hé, Géante ? Ces illusions de ta part n'auront pas d'effets sur nous. Même si un grand nombre de moustiques comme toi viennent sur nous, ils ne seront que des feuilles sèches sous le vent. Tu agis ainsi uniquement pour la nourriture. Quel est ton besoin ? Dis-le-nous, nous te satisferons.»

En entendant les paroles du ministre, Karkkaṭī savait que sa force était inutile devant des hommes aussi vaillants. Elle les pensait sages. Alors elle répondit : « Hé, puissants héros. Qui êtes-vous ? Dites-moi la vérité. »

Le ministre répondit : « C'est le roi des forestiers et je suis son ministre. Nous sommes venus faire une promenade nocturne pour débusquer et punir les méchants comme toi. »

La géante les apprécia et dit : « Je vais vous poser quelques questions. Si vous me donnez des réponses appropriées, je vous laisse la vie sauve. »

Le roi accepta.

Les questions qu'elle posa furent les suivantes :

<u>1) À l'intérieur de quel atome qui est à la fois unité et multiple, les centaines de milliers d'univers naissent et disparaissent comme des bulles dans une mer ?</u>

Le ministre répondit à chaque question :

1) Hé, Géante ! Toutes les questions que tu nous as posées, enrobées dans des mots figuratifs discernables par les seuls sages védiques, concernent l'Être suprême.
L'atome est l'Esprit suprême qui est au-delà de toute connaissance du mental et des sens. Comme il est sans organes d'action, il est aussi non manifesté que le ciel. Et à l'intérieur de cet atome suprême qui ne peut être ressenti que par le mental, des millions et des millions de bulles d'univers naissent et disparaissent de par leur fragilité.

<u>2) Qu'est-ce qui brille comme éther et non-éther ?</u>
2) L'Être suprême impersonnel, n'ayant aucune substance, imprègne tout. Cet Être Suprême, Brahman, est la connaissance pure [Jñānasvarūpa]. Il est le ciel et le non-ciel.

<u>3) Qu'est-ce qui est quelque chose et rien ?</u>
3) Comme il est indescriptible, l'Esprit Suprême Impersonnel n'est rien, mais comme il est une réalité, il est quelque chose.

<u>4) Qu'est-ce qui va et ne va pas en même temps ?</u>
4) Comme il imprègne tout ce qui est accessible, l'Esprit Suprême Impersonnel a la qualité du mouvement. Mais comme il n'a pas d'émotions et comme il n'existe pas d'espace au-delà, il est immobile.

5) Qu'est-ce qui a pris forme à partir du vide ?

5) Comme il est inaccessible aux autres, l'Esprit Suprême n'a pas d'existence, mais comme il est l'essence de tout ce qui est bon, il a une existence.

6) Qu'est-ce qui est en mouvement et en même temps stationnaire comme un rocher ?

6) L'Esprit Suprême est le rayonnement du mouvement ou de l'activité et comme il n'y a rien d'autre à découvrir, c'est-à-dire qu'il ne connaît rien d'autre, il est aussi rigide qu'un roc.

7) Qui dessine des images dans un ciel clair ?

7) Dans le ciel clair, l'Esprit Suprême dessine les images de l'univers.

8) Dans quelle graine les mondes existent-ils comme un grand arbre dans sa graine ?

8) Il existe dans l'Atome Suprême.

9) De quelle substance les choses vivantes et non vivantes dans les mondes, ne peuvent-elles pas être séparées, comme l'écume et les vagues ne peuvent être séparées de l'océan ?

9) Comme le monde visible tout entier ne peut être séparé de l'Esprit Suprême, rien n'est autre que l'Esprit Suprême Impersonnel.

10) De quelle substance le dualisme n'est-il pas séparé (des autres) comme la fluidité de l'eau ?
10) Les différenciations des différents mondes ne sont que des apparences de l'Esprit Suprême et ainsi le dualisme vient de la même forme.

Le roi rapprocha Karkkaṭī de l'Esprit Suprême Impersonnel. Il lui conseilla de ne pas commettre de massacre. Elle accepta son conseil.

Le roi lui demanda de venir dans son palais sous la forme d'une belle femme. Elle lui demanda ce qu'il pouvait offrir comme nourriture à une géante.

Le roi répondit :

«Toi, bonne femme, nous trouverons un moyen d'y parvenir. Tu te transformeras en une belle femme portant des ornements d'or et tu resteras dans mon palais pendant un certain temps. Je vais rassembler des milliers de pécheurs, de voleurs et d'autres méchants qui doivent être condamnés à mort, dans divers endroits, et je te les donnerai. Tu pourras prendre ta forme originelle et les emmener tous sur les sommets des Himālayas pour t'en nourrir.

Les gloutons aiment manger en solitaire. Après avoir mangé somptueusement, dors un peu et repose-toi en méditant.

Quand tu te réveilleras, tu reviendras et tu emmèneras les gens destinés à être tués.

Le massacre commis au nom de la justice n'est pas un péché. On dit qu'il équivaut à la miséricorde.

Lorsque ton désir de méditation sera terminé, tu devras venir à moi. Si un attachement d'amour se forme même avec des personnes mauvaises, il est difficile de briser cet amour. »

Karkkaṭī obéit au roi.

Ils arrivèrent tous au palais. En six jours, trois mille méchants, condamnés à mort, de son propre pays et des divers pays dépendants, furent amenés devant le roi. Ils furent livrés à Karkkaṭī.

Dans la nuit, elle reprit sa forme originelle, rassembla tous les méchants, qui méritaient d'être tués. Puis, après avoir dit au revoir au roi, elle se rendit au sommet des Himālayas. (Jñānavāsiṣṭha).

61

Oṁ śambhave namaḥ

ॐ शम्भवे नमः

śam शम् bénédiction, bonheur ; bien-être ; joyeusement, avec bonheur, bien.

bhu भु qui devient, qui est ; produit par.

śambhu शम्भु «Dispensateur de bénédictions», Śambhu est aussi le nom d'un aspect propice de Śiva.

Salutations à Toi, Dispensateur de Bénédictions !

62

Oṁ munaye namaḥ

ॐ मुनये नमः

muni मुनि sage ; ascète, anachorète ; ermite ayant fait vœu de silence | En philosophie, c'est aussi la conscience | Au pluriel, munayas sont les sept sages célestes mythologiques. Saptarṣi est un synonyme. | En astronomie, Muni est la Grande Ourse | En mathématique, muni symbolise le nombre 7 — Dans la mythologie Munī est une fille de Dakṣa, épouse de Kaśyapa, et mère des génies centaures [gandharva] et des trolls [yakṣa].

> atha hāsya vedam upaśṛṇ vatas trapujatubhyām śrotrapratipūraṇam udāharane jihvācchedo dhāraṇe śarīrabhedaḥ [Gautamadharmasūtra]
> अथ हास्य वेदम् उपशृण्वतस् त्रपुजतुभ्याम् श्रोत्रप्रतिपूरणम् उदाहरने जिह्वाच्छेदो धारणे शरीरभेदः [गौतमधर्मसूत्र]
>
> Maintenant, s'il (un śudra) écoute intentionnellement le Veda, on versera de l'étain
> ou de la laque fondus dans ses oreilles ;
> s'il le récite, on lui coupera la langue,
> et s'il le retient on lui coupera le corps en deux.

Salutations à Toi, l'Ascète !

63

Oṁ tamonude namaḥ

ॐ तमोनुदे नमः

tamas तमस् obscurité, ténèbres, noirceur ; torpeur | Dans la philosophie Sāṁkhya, tamoguṇa est la Ténèbre, 3ième qualité de la nature, essence passive de l'ignorance et de l'inertie. Son efficience est la restriction.

nud नुद् pousser, exciter, hâter | repousser, rejeter — exciter, stimuler
nud नुद् [agent de nud] qui repousse, qui supprime ; qui remédie à.

Salutations à Toi, Qui repousses les Ténèbres !

64

Oṁ pāpahartre namaḥ

ॐ पापहर्त्रे नमः

pāpa पाप pécheur, mauvais, méchant, vicieux, criminel ; funeste. | mécréant ; malfaiteur, criminel | Selon le Viṣṇu Purāna, c'est le nom d'un enfer — mal, faute, péché, vice, crime | philosophie : le Mal, par opposition à puṇya.

hartṛ हर्तृ qui enlève ; voleur.

pāpahara पापहर qui enlève le péché.

Salutations à Toi, Qui enlèves le Péché !

65

Oṁ durganāśanāya namaḥ

ॐ दुर्गनाशनाय नमः

durga दुर्ग d'un accès difficile, inaccessible, impénétrable, inabordable — passage difficile, dangereux ; forteresse, citadelle, place forte | difficulté, obstacle, danger, calamité, détresse.

nāśana नाशन qui détruit — annihilation, ruine, destruction, perte.

Salutations à Toi, Qui détruis les difficultés !

66

Oṁ vadhanāśanāya namaḥ **Oṁ mahākālyai namaḥ**

ॐ वधनाशनाय नमः **ॐ महाकाल्यै नमः**

vadha वध qui tue, meurtrier — meurtre, mis à mort ; destruction | punition corporelle ; peine capitale | effacement, disparition ; frustration ; défaut, imperfection | mathématiques : multiplication.

nāśana नाशन qui détruit — annihilation, ruine, destruction, perte.

mahā महा grand (en espace, en temps, en quantité) ; haut, vaste, éminent, important | riche en — chose importante ; connaissance | personne éminente, grand homme | Dans la société, c'est le supérieur d'un temple ou d'un monastère.

Kālī काली déesse de la destruction et du Temps.

Un jour, Brahmā s'est mis en colère en pensant à la façon de détruire les créatures vivantes qui se multipliaient de manière prolifique. (Mahābhārata Droṇa Parva, chapitre 52, strophe 46). La Mort est née alors du corps de Brahmā. Elle reçut le don de détruire les êtres vivants. (Mahābhārata, Droṇa Parva, chapitre 53, strophe 17 et 21).

Salutations à Toi, **Destructeur.trice de la Mort !**

67

Oṁ tripurāraye namaḥ

ॐ त्रिपुरारये नमः

tripura त्रिपुर de la forteresse Tripura «Triple ville», ensemble de trois cités construites dans les nuages par Maya pour les démons [asura], d'or dans le Ciel, d'argent dans l'atmosphère, et de fer sur Terre. Elle fut détruite par Śiva-Pinākī. Elle symbolise l'illusion du monde des apparences, détruite par la connaissance divine du yogin. Śiva acquit la moitié de la puissance de tous les dieux, et devint Mahādeva. Il utilisa l'arc magique Śaivacāpa fabriqué pour lui par l'artisan des dieux Viśvakarmā. Il fit de Viṣṇu la flèche qui détruisit Tripura et ses démons. Brahmā conduisait son char sur le chemin que Sarasvatī ouvrait.

ari अरि fidèle ; zélé, fervent, pieux | avide ; envieux | hostile — ennemi.

tripurāri त्रिपुरारि «Ennemi de Tripura», une épithète de Śiva.

Salutations à Toi, Ennemi de Tripura !

68

Oṁ purandarāya namaḥ

ॐ पुरन्दराय नमः

pura पुर forteresse ; ville fortifiée | cité, ville | gynécée | maison, résidence | Dans la mythologie, Pura est l'abréviation de Tripura, la «Ville aux trois forteresses» des démons [asura].

dara दर qui déchire, qui fend, qui détruit — cavité, cave, caverne | conque ; nombril | crainte.

purandara पुरन्दर «Destructeur de remparts», épithète d'Indra ; aussi abrégé en Puranda.

Salutations à Toi, Destructeur de Tripura !

69

Oṁ subhogāya namaḥ

ॐ सुभोगाय नमः

su सु bon, bien ; beau, joli, agréable ; très | védique : presser, exprimer ; pressurer (notamment le soma pour le sacrifice).

bhoga भोग anneau (d'un serpent) | consommation ; nourriture ; repas, banquet | plaisir, richesse, jouissance ; perception, sentiment | plaisir sexuel | possession ; profit, gain | philosophie : fruit (d'une action), récompense.

Salutations à Toi, la Récompense Exprimée !

70

Oṁ surapriyāya namaḥ

ॐ सुरप्रियाय नमः

sur सुर् avoir des pouvoirs surnaturels | briller.

sura सुर dieu, divinité. Sura est un synonyme de Deva.

priya प्रिय cher, aimé ; amical, agréable | cher à | cher, coûteux | qui aime, qui apprécie ; épris de, attaché à — m. bien-aimé, mari, amant — ce qui est cher.

Salutations à Toi, Qui aimes les Dieux !

71

Oṁ cakradevāya namaḥ

ॐ चक्रदेवाय नमः

cakra चक्र roue, cercle, disque ; cycle, mouvement circulaire | la roue royale, insigne de souveraineté ; armée | région, pays ; souveraineté. Dans la mythologie, le cakra est le disque flamboyant, l'arme solaire de Viṣṇu. Dans la philosophie [yoga], le cakra est un centre d'énergie psychique, dont les 7 principaux sont : mūlādhāra, svādhiṣṭhāna, maṇipūra, anāhata, viśuddha, ājñā et sahasrāra.

deva देव brillant | divin — dieu [«être de lumière»] | En philosophie, deva est la personnification d'une manifestation de la puissance divine ; un aspect du transcendant | Dans la mythologie, les devās sont les dieux ; la tradition en donne une liste conventionnelle de 33 [trayastriṁśa] | roi, sa majesté.

Salutations à Toi, Souveraineté Divine !

72

Oṁ bhuvanādhipāya namaḥ

ॐ भुवनाधिपाय नमः

bhuvana भुवन être vivant, être humain, humanité | univers, terre, un des 3 mondes [tribhuvana] | En mathématique, bhuvana symbolise le nombre 14 (correspondant aux 7 mondes [loka] et aux 7 enfers [pātāla]) — la Terre, le Monde.

adhi अधि sur, au-dessus de |supérieur ; en sus, en addition | hors de |concernant | en comparaison avec.

pati पति mari, maître, seigneur de

adhipati अधिपति maître, chef, supérieur ; prince, maître suprême, roi | En mythologie, Adhipati est un dieu souverain ; il se dit notamment d'Indra, de Varuṇa, d'Agni | En philosophie [Nyāya], c'est la cause prépondérante d'un phénomène.

Salutations à Toi, Seigneur Souverain des Mondes !

Haṁsa हंस

L'haṁsa est un oiseau mythique, proche du cygne ou de l'oie sauvage. La tradition dit qu'il a le don de discerner la vérité du mensonge. Il incarne aussi le pouvoir de discerner la substance essentielle des choses.

nīrakṣīravivekam ca haṁso vetti na ca aparaḥ [Garuḍa Purāṇa]
नीरक्षीरविवेकम् च हंसो वेत्ति न च अपरः [गरुड पुराण]

« Seul le cygne sacré sait séparer le lait de l'eau. »
(c'est-à-dire de discerner la vérité de l'erreur)

Durgā en tant que Sarasvatī

Mahāviṣṇu महाविष्णु s'était un jour engagé à Vaikuṇṭha dans une conversation plaisante avec ses épouses, Lakṣmī लक्ष्मी, Sarasvatī सरस्वती et Gaṅgā गङ्गा. Gaṅgā jeta alors un regard lubrique à Viṣṇu विष्णु, qui, derrière le dos des deux autres femmes, retourna ce coup d'oeil lubrique.

Sarasvatī ne supporta pas plus longtemps cette situation. Si bien qu'elle se leva de son siège et affronta Gaṅgā.

Lakṣmī essaya d'apaiser Sarasvatī avant que la querelle ne devienne plus féroce.

Mise en colère par cette intervention, Sarasvatī maudit Lakṣmī de naître sur Terre.

Gaṅgā se mit en colère parce que l'innocente Lakṣmī avait été maudite, et, à son tour, maudit Sarasvatī de naître en tant que fleuve sur terre.

Sarasvatī n'accepta pas la malédiction sans réagir, et maudit aussi Gaṅgā de naître comme fleuve sur terre et qu'elle prenne sur elle les péchés du monde entier.

Lorsque les trois épouses de Viṣṇu se trouvèrent dans cette situation difficile, il leur dit :

« Tout s'est passé comme il se doit. Lakṣmī peut aller sur terre et naître dans la demeure de Dharmadhvaja धर्मध्वज et grandir comme sa fille, mais pas du ventre de ses femmes. Là, tu purifieras les trois mondes, après quoi tu renaîtras sous la forme de la plante appelée tulasī तुलसी, et tu seras mariée à un asura appelé Śaṅkhacūḍa शङ्खचूड, qui naîtra comme une partie de moi. Ensuite, tu seras transformée en un fleuve sacré appelé Padmāvatī पद्मावती, et, quittant le fleuve sur terre, ta forme divine retournera à Vaikuṇṭha. »

Quant à Gaṅgā, Viṣṇu lui dit ceci : « Tu iras sur terre telle une rivière sacrée pour laver les péchés des gens. Un roi nommé Bhagīratha भगीरथ te conduira sur terre, et tu seras donc également connue sous le nom de Bhāgīrathī भागीरथी. Et tu resteras sur terre comme épouse du roi Śantanu शन्तनु. Ta forme divine reviendra au mont Kailāsa कैलास en tant qu'épouse de Śiva शिव. »

Quant à Sarasvatī, Viṣṇu lui demanda de renaître sous la forme d'une rivière sur terre, sa forme divine revenant finalement au Satyaloka सत्यलोक en devenant alors l'épouse de Brahmā ब्रह्मा.

C'est ainsi que Lakṣmī devint l'épouse de Mahāviṣṇu, Gaṅgā l'épouse de Śiva et Sarasvatī l'épouse de Brahmā. (Devī Bhāgavata, Navama Skandha).

La naissance de Sarasvatī

Kāmadeva कामदेव (dieu du désir amoureux) est né du cœur de Brahmā ; Sarasvatī सरस्वती (déesse de la connaissance et de la sagesse), de son visage ; Krodha क्रोध (la colère) est né de ses sourcils ; Lobha लोभ (impatience, concupiscence, avarice), de sa lèvre inférieure ; le Sindhus सिन्धुस् (rivière sacrée), de ses parties génitales, et Nirṛti निर्ऋति (force universelle de destruction / souffle divin), de son anus.

L'histoire suivante concernant la naissance de Sarasvatī est tirée du Brahmāṇḍa Purāna, chapitre 43 :

Brahmā était fin prêt pour la création et, alors qu'il était en méditation, sattvaguṇa सत्त्वगुण (qualité sublime) commença à se développer dans son esprit, donnant naissance à une fille.

Brahmā lui demanda qui elle était. Elle répondit : « Je suis née de toi. Tu me fixes un siège et des devoirs. »

Brahmā lui dit alors qu'elle s'appelait Sarasvatī et ordonna qu'elle reste sur le bout de toutes les langues.

«Tu danses particulièrement sur la langue des érudits. Tu devras aussi exister sur terre sous la forme d'une rivière, et, prenant une troisième forme, tu dois aussi vivre en moi.»

Sarasvatī acquiesça.

Les épouses de Brahmā.

Les Purāṇas mentionnent trois épouses de Brahmā ब्रह्मा : Sarasvatī सरस्वती, Sāvitrī सावित्री et Gāyatrī गायत्री. Or, selon le Matsya Purāṇa, ces trois femmes ne sont qu'une seule et même personne. Dans le Skanda Purāṇa, Sāvitrī et Gāyatrī sont désignées comme des individus différents.

Le Matsya Purāṇa mentionne ceci : Brahmā créa, de sa propre splendeur, une femme qui devint célèbre sous les noms de Śatarūpā, Sāvitrī, Gāyatrī et Brahmāṇī.

Śatarūpā शतरूपा « aux cent formes»

C'est une émanation cosmologique féminine de Brahmā, à la fois créatrice (par son double masculin Virāṭ) et épouse de Manu-Svāyaṁbhuva.

Brahmā tomba amoureux de sa fille et, remarquant qu'elle se tournait vers la droite, un visage apparut alors à sa droite. Pour échapper aux regards amoureux de son père, elle se glissa de chaque côté de lui, et des visages apparurent de chaque côté de Brahmā. Sarasvatī bondit alors vers le ciel et un cinquième visage apparut sur sa tête, tournée vers le haut.

Ne trouvant pas d'échappatoire, elle céda au désir de Brahmā et ils vécurent une lune de miel de cent ans. De leur union naquit un fils appelé **Svāyaṁbhuva** स्वायंभुव ou **Virāṭ** विराट्.

Brahmā-Svāyaṁbhuva ब्रह्मा स्वायंभुव
«(issu) de l'Auto-engendré»

C'est le 1er Manu du kalpa. Il engendra les 10 géniteurs [prajāpati].

Virāṭ विराट्

C'est la Puissance Créatrice ou Nourriture Divine personnifiée, une épithète de Prajāpati, ou première création de Brahmā, issue de sa moitié mâle, donnant naissance par sa moitié femelle Śatarūpā à Manu-Svāyaṁbhuva, qui engendra les 10 géniteurs [prajāpati]. C'est aussi le support physique de l'Univers, le Cosmos manifesté, le macrocosme.

Les têtes de Brahmā

Dans presque tous les Purāṇas, Brahmā ब्रह्मा est appelé «Caturmukha चतुर्मुख » (ayant quatre visages) pour chanter les Vedas aux 4 orients (prācī, pratīcī, dakṣiṇā et udīcī). L'histoire suivante est racontée dans le Matsyapurāṇa pour étayer ce propos.

Brahmā créa Śatarūpā शतरूपा avec la moitié de son corps et accepta cette femme brillante et belle comme épouse. Il ne pouvait supporter que sa belle épouse soit éloignée de sa vue, même pour un instant. Il s'était tellement attaché à elle...

Un jour, Śatarūpā marchait autour de Brahmā. Les filles nées de son esprit étaient assises tout près. Brahmā ne pouvait pas se retourner et retourner encore et encore pour regarder marcher sa femme se déplacer autour de lui. Pour résoudre ce problème, au lieu d'un visage, il y eut 4 visages qui lui poussèrent.

Une fois, Śatarūpā marchait dans les airs. Pour la regarder cette fois-ci, une cinquième tête est apparue au sommet de ses cheveux emmêlés. C'est cette tête qui sera tranchée plus tard.

Cette cinquième tête de Brahmā est à l'origine de bien des légendes. À l'aube des mondes, Śiva शिव arracha cette tête de Brahmā. Diverses histoires se trouvent dans les purāṇas pour raconter la façon dont cette cinquième tête a été coupée.

Elles sont contées comme suit :

Version 1 - Un jour, Brahmā fit l'éloge de Śiva शिव et lui fit plaisir en lui demandant de devenir son fils. Śiva n'apprécia pas cela. Il se mit en colère et le maudit : « Je deviendrai ton fils. Mais je t'arracherai ta cinquième tête. »

Version 2 - Au début, Brahmā créa l'incarnation de Śiva, également appelée Nīlalohita नीललोहित, ainsi que la création des mondes et de tout ce qu'ils contenaient. Dans les créations ultérieures, Brahmā ne pensa pas à Nīlalohita.

Voyant Brahmā poursuivre le travail de création en l'oubliant, Nīlalohita se mit en colère et maudit Brahmā : «Ta cinquième tête sera bientôt détruite.»

<u>**Version 3 -**</u> Après que Brahmā eut cinq visages, l'éclat des Devas देव commença à diminuer de jour en jour. Voyant cela, le vaniteux Brahmā dit à Śiva : « Je suis le premier à avoir eu l'existence dans ce monde. Je suis donc certainement l'aîné. » En entendant cela, Śiva se mit en colère, arracha la cinquième tête de Brahmā et la jeta au loin. (Matsyapurāṇa, 183, 84-86).

Quand la cinquième tête eut disparu, les autres têtes furent engourdies. La sueur qui coula d'elles fut jetée à terre par Brahmā. De là, sortit un horrible monstre qui se mit à poursuivre Śiva, qui l'attrapa et le donna à Viṣṇu विष्णु. (Skanda, 5, 13,4).

<u>**Version 4 -**</u> Un jour, Śiva montra sa fille Sandhyā सन्ध्या à Brahmā qui devint instantanément lubrique. Śiva insulta Brahmā en montrant cette passion malsaine aux fils de Brahmā. Pour se venger, Brahmā créa Satī et insulta Śiva par l'intermédiaire de Dakṣa दक्ष. (Skanda, 2, 2, 26).

<u>**Version 5 -**</u> Dans les recueils de Śiva-Rudra शिव-रुद्र, on trouve une histoire sur la querelle entre Śiva et Brahmā.

Un jour, Brahmā tomba amoureux de Satī सती, la femme de Śiva. Ayant appris cela, Śiva essaya de tuer Brahmā. Mahāviṣṇu महाविष्णु fit en sorte de calmer Śiva, mais en vain. Śiva trancha la cinquième tête de Brahmā et le rendit laid, ce qui rendit Brahmā invincible dans le monde.

Version 6 - Autrefois, à l'époque du Satyayuga, Mahāviṣṇu महाविष्णु fit pénitence à Śvetadvīpa (l'île de Śveta) pour obtenir la Béatitude Éternelle, étant profondément engagé dans l'étude de Brahmavidyā.

Brahmā se rendit également dans un autre endroit et commença à faire pénitence pour la suppression des passions. Tous deux faisaient une pénitence sévère. Ils commencèrent donc à marcher afin de se reposer de la pénitence.

En chemin, ils se rencontrèrent. L'un demanda :
« Qui es-tu ? »
L'autre posa également la même question.

La conversation se termina par un concours pour savoir qui était le plus grand des deux. Chacun prétendait être la puissance suprême du monde. Aucun des deux n'était prêt à reconnaître les prétentions de l'autre.

Au milieu de cette compétition, un phallus, extraordinairement volumineux et beau, apparut devant eux et une voix éthérée dit du ciel :

« Vous n'avez pas besoin de vous disputer pour savoir qui est supérieur. Celui qui atteint l'extrémité de ce pilier est la personne supérieure. Alors, avancez tous les deux, l'un vers le haut et l'autre vers le bas, et découvrez l'extrémité.»

En entendant cela, Viṣṇu विष्णु descendit pour découvrir le bas et Brahmā, vers le haut, jusqu'au sommet. Viṣṇu voyagea longtemps et, ne trouvant pas de fin, pensa que la tentative était vaine et revint au point de départ avec déception et s'assit.

Brahmā voyagea longtemps vers le haut et ne trouva pas de fin. En chemin, il vit le pétale d'une fleur de paṇḍānus (ou Ketakī, la fleur du pandane), qui descendait du ciel. Brahmā le prit et revint joyeusement et dit hautainement à Viṣṇu :

« Vois-tu, j'ai pris cette fleur de la tête du phallus. J'ai apporté cela pour te convaincre. Tu as été vaincu. Ne peux-tu donc pas admettre que je sois supérieur ? »

Mahāviṣṇu ne crut pas les paroles de Brahmā. Il appela donc la fleur de paṇḍānus et l'interrogea. La fleur de paṇḍānus prêta un faux serment et témoigna en faveur de Brahmā, qui avait demandé à la fleur d'être de son côté.

Mahāviṣṇu ne la crut pas non plus et dit :

« Que Śiva soit témoin de cette fleur. » À ces mots, Śiva apparut devant eux et révéla la tromperie jouée par Brahmā et la fleur.

Śiva maudit la fleur de paṇḍānus pour qu'elle n'ait désormais plus de place parmi ses fleurs d'offrande. Puis, il se mit en colère et arracha une tête de Brahmā. C'est le crâne que Brahmā utilise pour recevoir les aumônes. (Devī Bhāgavata, Śkandha 5.)

Version 7 - Autrefois, tous les mondes, avec tout ce qu'ils contenaient, étaient sous l'eau dans un seul océan. Le Soleil, la Lune, les étoiles, l'air, le feu, tout fut détruit. Un jour de ténèbres totales apparut. Herbe, buisson, tout fut détruit. Rien ne pouvait être vu ni reconnu. Tous les existants et les non-existants furent détruits.

Bhagavān भगवान् (l'Être Suprême) dormait continuellement pendant des milliers de nuits. À la fin de la nuit, Bhagavān assuma l'attribut de Rajas (Activité) et se prépara pour le travail de création. Lui, le connaisseur de tous les Védas et Védāṅgas apparut sous la forme d'un être merveilleux à cinq visages.

Un autre être avec trois yeux, des cheveux emmêlés, un trident dans une main et une guirlande de perles dans l'autre, et avec l'obscurité comme attribut, prit forme. Cet être fut appelé Puruṣa पुरुष (l'énergie créatrice masculine). Alors le Mahātmā महात्मा (l'Esprit Suprême) créa Ahaṁkāra (l'égoïsme). Il affecta Brahmā et Śiva. Vaincu par l'égoïsme, Śiva dit à Brahmā : « Qui es-tu ? Qui t'a créé ? »

Gonflé d'égoïsme, Brahmā répondit : « Qui es-tu ? Qui sont tes parents ? Fais-moi entendre cela. »

Cette conversation se termina par une querelle. L'origine de Bhagavān (le Seigneur) provient de cette querelle. Immédiatement après sa naissance, le Seigneur prit un luth sans pareil et en jouant, monta au ciel.

Śiva étant vaincu par Brahmā, inclina la tête et rougit. Tandis que Parameśvara se tenait ainsi en colère, le cinquième visage lui dit :

« Toi, qui as trois yeux et dont l'attribut est l'obscurité ! Regarde ici ! Je vais tout te dire. Toi, qui portes l'air comme vêtement et qui montes un taureau, tu es le destructeur du monde. »

En entendant ces paroles, Śiva devint de plus en plus en colère, ouvrit son troisième œil et regarda fixement Brahmā pour le brûler.

Voyant les visages briller comme le Soleil, Brahmā dit : «Quand tu frappes sur l'eau, des bulles apparaîtront. Mais ont-elles une quelconque prouesse ? »

En entendant cela, Śiva arracha la tête de Brahmā avec le bout de ses ongles. (Vāmana Purāṇa, chapitre 2).

La représentation de Sarasvatī

Sarasvatī सरस्वती «Gracieuse»est à la fois la fille de Brahmā ब्रह्मा et donc son épouse-śakti.

Elle est la déesse de l'apprentissage, de la sagesse, de la parole sacrée et de la science.

On la représente vêtue de blanc et assise sur un lotus blanc.

L'Agni Purāṇa, chapitre 50, recommande que les idoles de Sarasvatī (statue) dans les temples tiennent dans les mains un collier de perles, une vīnā (instrument de musique ressemblant au luth) et un livre ou une épée (symbolisant la connaissance). Elle est représentée assise, debout ou dansante.

Sa monture est le cygne [haṁsa].

Elle est conçue comme Śakti, apparentée à Viṣṇu et à Śiva. On la dit parfois fille de Śiva. Dans certains ouvrages anciens du Bengale, Sarasvatī apparaît aux côtés de Viṣṇu (au lieu de Bhūmidevī).

On la célèbre à la fête śrīpañcamī / vasantapañcamī.

vīṇā वीणा

La vīṇā est une sorte de luth en bois de jacquier, à 2 caisses et 7 cordes (4 dessus pour la mélodie, 3 sur les côtés pour le rythme). On en joue à plat, posé sur les genoux, jambes en tailleur. On trouve les variantes rudravīṇā (Inde du Nord) et sarasvatīvīṇā (Inde du Sud).

Vāṇī वाणी est le son, la musique. C'est aussi la parole, la voix, la diction, l'éloquence. Dans la mythologie, Vāṇī «Parole» est une épithète de Sarasvatī.

sapta vāṇyaḥ
सप्त वाण्यः

Les 7 notes de la gamme.

73

Oṁ sarasvatīpataye namaḥ **Oṁ sarasvatyai namaḥ**

ॐ सरस्वतीपतये नमः **ॐ सरस्वत्यै नमः**

sarasvatī सरस्वती «Gracieuse», épouse-śakti (puissance) de Brahmā et déesse de la sagesse, de la parole sacrée et de la science. On la représente habillée de blanc, jouant de la vīṇā, et tenant un livre ou une épée symbolisant la connaissance. Sa monture est le cygne [haṁsa]. On la dit parfois fille de Śiva. On la célèbre à la fête śrīpañcamī / vasantapañcamī.

pati पति mari, maître, seigneur de.

Salutations à Toi, **Sarasvatī/Seigneur de Sarasvatī !**

74

Oṁ strīrājyāya namaḥ

ॐ स्त्रीराज्याय नमः

strī स्त्री femme, épouse, femelle.

rājya राज्य princier, royal — royauté, gouvernement, empire | royaume.

Salutations à Toi, Royaume des Femmes !

75

Oṁ haṁsabāhave namaḥ

ॐ हंसबाहवे नमः

haṁsa हंस Anser indicus, oie sauvage ; cygne | En philosophie, c'est un oiseau mythique. La tradition dit qu'il a le don de séparer le lait de l'eau (c'est-à-dire de discerner la vérité de l'erreur) [nīrakṣīraviveka], et il incarne le pouvoir de discerner la substance essentielle des choses. | mythologie : Haṁsa est l'oie-monture de Brahmā.

bāhu बाहु bras ; avant-bras | mathématique : côté d'une figure | En astronomie, Bāhū «les deux bras», est une épithète de l'étoile [nakṣatra] Bételgeuse [Ārdrā].

bahu बहु nombreux, abondant ; important, grand | qui est très, qui a beaucoup de.

Salutations à Toi, Abondance du Cygne !

76

Oṁ haṁsavāhanāya namaḥ **Oṁ haṁsāsanāyai namaḥ**

ॐ हंसवाहनाय नमः **ॐ हंसासनायै नमः**

haṁsa हंस Anser indicus, oie sauvage ; cygne | En philosophie, c'est un oiseau mythique. La tradition dit qu'il a le don de séparer le lait de l'eau (c'est-à-dire de discerner la vérité de l'erreur) [nīrakṣīraviveka], et il incarne le pouvoir de discerner la substance essentielle des choses. | mythologie : Haṁsa est l'oie-monture de Brahmā.

vāha वाह qui emporte, qui charrie, qui conduit, qui coule — m. vent | monture, véhicule ; bête de trait, notamment cheval.

vāhana वाहन qui tire, qui transporte, qui apporte | véhicule | monture | mythologie : animal associé à un dieu comme son suivant.

āsana आसन siège ; poste, situation | posture, manière d'être assis | philosophie : posture rituelle de yoga.

Salutations à Toi, **Qui a le Cygne comme Monture !**

77

Oṁ madhupriyāya namaḥ

ॐ मधुप्रियाय नमः

madhu मधु plaisant, charmant ; délicieux — douceur, miel, sucre | védique : soma, liqueur d'immortalité.

madhu मधु le peuple de Madhu, synonyme de yādavās*.

***yādava** यादव famille royale mythique des descendants de Yadu** (Vasudeva, Kṛṣṇa).

****Yadu** यदु héros kṣatriya (2ème classe védique des guerriers souverains), fils aîné de Yayāti et Devayānī, demi-frère de Puru et frère de Turvasu, il reçut en partage le pays drāviḍa du Sud.

priya प्रिय cher, aimé ; amical, agréable | qui aime, qui apprécie ; épris de, attaché à — bien-aimé, mari, amant.

Salutations à Toi, Qui aimes l'Élixir d'Immortalité !

78

Oṁ sutapriyāya namaḥ **Oṁ amṛtāyai namaḥ**

ॐ सुतप्रियाय नमः **ॐ अमृतायै नमः**

suta सुत pressé, exprimé, pressuré (notamment le soma pour le sacrifice) — jus de soma pressé, libation.

priya प्रिय cher, aimé ; amical, agréable | qui aime, qui apprécie ; épris de, attaché à — bien-aimé, mari, amant.

amṛta अमृत immortel ; impérissable — épithète de différents dieux — immortalité ; paradis ; éternité | nectar, ambroisie, source d'immortalité des dieux ; breuvage apporté par Dhanvantari lors du barattage de la mer de lait qui fut distribué aux dieux par Mohinī | aumône volontaire, moyen de subsistance convenable pour un brahmane.

icchanti devāḥ sunvantaṁ na svapnāya spṛhayanti
[Ṛgveda Saṁhitā]
इच्छन्ति देवाः सुन्वन्तं न स्वप्नाय स्पृहयन्ति [ऋग्वेद संहिता]

Les dieux aiment celui qui presse (le soma).
Ils ne sont pas attirés par le sommeil.

Salutations à Toi,
Qui aimes le Soma-Élixir d'Immortalité !

79

Oṁ dvijapriyāya namaḥ **Oṁ candrikāyai namaḥ**

ॐ द्विजप्रियाय नमः **ॐ चन्द्रिकायै नमः**

dvi द्वि deux.

dvija द्विज deux fois né — homme aryen, de l'une des 3 premières classes [varṇa], ayant accompli l'upanayana (cérémonie d'investiture du cordon sacré) | oiseau, animal ovipare en général | dent | mythologie : la Lune.

priya प्रिय cher, aimé ; amical, agréable | qui aime, qui apprécie ; épris de, attaché à — bien-aimé, mari, amant.

candrikā चन्द्रिका semblable à la lune — œil de plume de paon ; ongle.

Salutations à Toi, **Qui aimes la Lune !**

80

Oṁ dvijendrāya namaḥ

ॐ द्विजेन्द्राय नमः

dvi द्वि deux.

dvija द्विज deux fois né — homme aryen, de l'une des 3 premières classes [varṇa], ayant accompli l'upanayana (cérémonie d'investiture du cordon sacré) | oiseau, animal ovipare en général | dent | mythologie : la Lune.

indra इन्द्र chef, roi, empereur - Indra, comme dieu cosmogonique, qui sépara le Ciel et la Terre. Il est le premier récipiendaire des sacrifices solennels | Plus tardivement, il est connu comme l'aîné des 33 fils d'Aditi et Kaśyapa. C'est un dieu batailleur de l'orage, seigneur du ciel Svarga, il est le roi des dieux. Il est ivre de soma. Sa capitale est Amarāvatī.

Salutations à Toi, Roi de la Lune !

81

Oṁ cakradhārakāya namaḥ

ॐ चक्रधारकाय नमः

cakra चक्र roue, cercle, disque ; cycle, mouvement circulaire | la roue royale, insigne de souveraineté ; armée | région, pays ; souveraineté | Dans la mythologie, c'est le disque flamboyant, l'arme solaire de Viṣṇu.

dhāra धार qui porte, qui tient, qui supporte, qui soutient.

dhāraka धारक qui porte.

cakradhara चक्रधर qui porte la roue — empereur ; roi.

Salutations à Toi, Qui soutiens la Souveraineté !

82

Oṁ mālyavate namaḥ **Oṁ mālinyai namaḥ**

ॐ माल्यवते नमः **ॐ मालिन्यै नमः**

mālyavatī माल्यवती couronné de guirlandes ; qui porte une guirlande — Dans le Rāmāyaṇa, la Mālyavatī est une rivière.

mālinī मालिनी qui porte une guirlande, couronné ; ceint de — jardinier ; fleuriste.

Salutations à Toi, **Couronné.e de Guirlandes !**

83

Oṁ sudarśanāya namaḥ

ॐ सुदर्शनाय नमः

su सु bon, bien ; beau, joli, agréable ; très | védique : presser, exprimer ; pressurer (notamment le soma pour le sacrifice).

darśana दर्शन vue, vision ; aspect | visite ; spectacle | vision de l'idole dans le sanctuaire d'un temple | philosophie : méthode, point de vue doctrinal, école de pensée, système philosophique, doctrine de salut.

sudarśana सुदर्शन «plaisant au regard», beau, gracieux, agréable — Dans la mythologie, Sudarśana «Magnifique», personnifie le cakra ou disque flamboyant, arme solaire de Viṣṇu. Il est aussi appelé Vajranābha ou Cakrapuruṣa. Il est issu du barattage de la mer de lait [kṣīrodamathana] ou, selon le Viṣṇu Purāna, c'est l'architecte des dieux, Viśvakarmā, qui le façonna avec les copeaux obtenus en rabotant l'éclat du Soleil. | C'est aussi une épithète de Śiva «le Gracieux».

Salutations à Toi, Plaisant au Regard !

84

Oṁ surūpāya namaḥ

ॐ सुरूपाय नमः

su सु bon, bien ; beau, joli, agréable ; très.

rūpa रूप figure, forme ; signe | apparence, extérieur ; aspect ; image ; couleur ; espèce ; nature | grâce, beauté | En philosophie Sāṁkhya, la perception de la vue [cakṣus]. Son régent est Āditya.

surūpā सुरूपा bien formé, beau.

Salutations à Toi, À l'Apparence Gracieuse !

Nadī नदी

nadī नदी circulation sanguine ; tension ; rivière.
pūra पूर emplissant ; abondance ; océan ; rivière.
pravāha प्रवाह train de pensées ; écoulement ; rivière.
bhidyā भिद्या qui détruit, rivière impétueuse.
vahā वहा qui conduit, qui porte ; véhicule ; bateau ; vent, courant ; cours d'eau, rivière.

Parikrama परिक्रम errance, pérégrination ; promenade, circuit ; procession | pèlerinage ; <u>parcours d'une rivière</u>.

Nadī vahati
नदी वहति

La rivière coule (Rien ne peut l'arrêter).

La rivière Sarasvatī

Sarasvatī सरस्वती «qui forme de nombreux lacs» est aussi une rivière, autrefois affluent de l'Indus [Sindhu] ou fleuve parallèle se jetant dans le marais de Kutch. On pense qu'elle subsiste comme la Sarsutī et la rivière de mousson Ghaggar qui se perdent dans les sables du Rājasthāna. Dans la mythologie, c'est une rivière céleste [divyagaṅgā].

La légende raconte que Sarasvatī devint une rivière pour transporter Baḍavāgni बडवाग्नि à l'océan. Baḍavāgni naquit de la querelle entre les Bhārgavas et les Hehayas. Baḍavāgni est la flamme du ṛṣi Aurva और्व, le Bhārgava. C'est Sarasvatī सरस्वती qui emmena ce feu (Agni) à l'océan. De ce fait, Sarasvatī devint un fleuve en Inde. L'histoire est racontée dans le Sṛṣṭi-khaṇḍa du Padma Purāṇa comme suit :

Le monde était sur le point de brûler à Baḍavāgni, qui provenait d'Aurva, lorsqu'Indra इन्द्र demanda à Sarasvatī : « Ô Devi ! Tu devrais déposer cet agni dans l'océan occidental ; sinon, le monde sera consumé par ses flammes. »

Sarasvatī se confia alors à Viṣṇu विष्णु : « Je ne suis pas libre. Je ne ferai rien sans la permission de mon père. Par conséquent, je t'en prie, réfléchis à d'autres moyens. »

Les Devas देव, qui comprenaient la nature de Sarasvatī, se rendirent auprès de Brahmā ब्रह्मा pour lui exposer leur cas. Il appela immédiatement Sarasvatī et lui demanda de déposer Baḍavāgni dans l'océan occidental pour sa sécurité (de Brahmā) et celle des Devas.

Incapable de désobéir à son père, Sarasvatī, les larmes aux yeux, accepta. Gaṅgā गङ्गा la suivit alors, et dit à son créateur qu'elle (Gaṅgā) la verrait couler vers le nord lorsqu'elle atteindrait la région orientale, entourée de Devas.

Sarasvatī renvoya ses compagnes, Gaṅgā, Yamunā यमुना Manoramā मनोरमा, Gāyatrī गायत्री et Sāvitrī सावित्री, qui la suivirent. Puis elle apparut à l'āśrama d'Uttaṅka, sous l'arbre Plakṣa, en présence des Devas. (Le Plakṣa est un figuier, mais aussi l'un des 7 continents mythiques [dvīpa]).

Tout comme Śiva शिव porta Gaṅgā, le figuier Plakṣa porta Sarasvatī et Śiva lui donna aussitôt Baḍavāgni dans un pot. Grâce à la bénédiction de l'agni, il ne lui brûla pas les mains. Elle se dirigea vers le nord avec le pot et parvint à Puṣkariṇī, où elle s'arrêta pour racheter les péchés des hommes. On croit encore aujourd'hui que ceux qui boivent l'eau du Puṣkara atteindront Brahmaloka, le ciel de Brahmā.

De Puṣkara, la Sarasvatī coula vers l'ouest et, atteignant un verger de dattiers non loin de Puṣkara, elle remonta, là où

Sarasvatī est également connue sous le nom de Nandā नन्दा. Ce nom, Nandā, a une explication :

Il était une fois un roi nommé Prabhañjana प्रभञ्जन. Alors qu'il chassait en forêt, il aperçut une biche dans un bosquet et décocha une flèche sur elle. La biche dit alors au roi :

« Quel crime que celui-ci ! Tu m'as blessée, moi qui nourris mon enfant. J'ai entendu dire que le roi ne tuait pas de biche pendant qu'elle buvait, dormait ou s'accouplait. Puisses-tu, toi qui as commis cet acte cruel, te transformer en tigre et errer dans cette forêt épineuse. »

Répétant sans cesse qu'il n'avait pas remarqué que la biche nourrissait son petit, le roi implora l'absolution de la malédiction. Prenant pitié du roi en pleurs, la biche lui répondit qu'il serait délivré de la malédiction après avoir parlé à la vache appelée Nandā, qui s'en viendrait dans cent ans.

Suite à la malédiction, le roi fut transformé en tigre et passa cent ans à manger des animaux sauvages. Après cent ans, un troupeau de vaches arriva là pour paître sous la conduite d'une vache appelée Nandā. La belle Nandā marchait devant les autres vaches et paissait seule dans un endroit secret de la forêt. Là, il y avait une montagne appelée Rohita, sur les rives de la rivière. Le versant nord de la montagne était une forêt dense infestée d'animaux

cruels. Là vivait un tigre très cruel, terrible et aussi grand qu'une montagne.
Une personne généreuse appelée Nanda नन्द nourrissait les vaches avec de l'herbe. Nandā, sa vache, fut séparée du troupeau et vint à la rivière lorsque le tigre courut après elle. En criant à haute voix, la vache dit : «Ô tigre, j'ai un enfant, qui n'a même pas commencé à manger de l'herbe et qui attend le retour de sa mère à l'étable au crépuscule. Je vais prendre congé de l'enfant et revenir pour que tu puisses me manger. »

Prenant pitié de la vache, le tigre exauça sa prière.

Elle retourna auprès du tigre au crépuscule. Le tigre, surpris par l'honnêteté de la vache, lui demanda son nom, et la vache répondit qu'elle avait été nommée Nandā par Nanda, son maître. Dès que ce nom fut prononcé, Prabhañjana fut libéré de son ancienne malédiction et devint l'ancien roi.

Dharmadeva धर्मदेव (dieu de la Justice et de l'ordre universel) apparut alors à Nandā et lui demanda de choisir le bienfait qu'elle désirait.

La vache Nandā répondit ainsi : « Avec mon enfant, je dois atteindre le lieu et la position ultimes. Que ce lieu devienne un lieu sacré pour les munis (ascètes). Alors, que cette rivière Sarasvatī soit aussi connue sous le nom de Nandā, mon nom. »

Nandā monta instantanément au ciel et Prabhañjana retourna à son palais. La rivière Sarasvatī commença à s'appeler Nandā depuis ce jour-là.

Pour en revenir à Sarasvatī-Nandā, après avoir traversé le jardin de dattiers mentionné plus haut en coulant vers le sud sur une certaine distance, elle reprit à nouveau son écoulement vers le nord.

Elle atteignit enfin l'océan et y déposa le vase de Baḍavāgni. (Padma Purāṇa, Sṛṣṭikhaṇḍa).

85

Oṁ gaṅgādharāya namaḥ

ॐ गङ्गाधराय नमः

gaṅgā गङ्गा la rivière Gange | Dans la mythologie, Gaṅgādevī, est la déesse Gaṅgā qui la personnifie. Elle est la fille aînée de Himavān et de Menā. Sa monture est le makara (créature marine mi-crocodile mi-dauphin). On la représente en tenant un vase pūrṇakumbha. Elle est souvent associée à la rivière Yamunā.

dhara धर qui porte, qui soutient ; qui transporte ; qui préserve — montagne. | Dans la mythologie, Dhara est le Sol terrestre, personnifié comme l'un des 8 Trésors [vasu].

Salutations à Toi, Qui soutiens le Gange !

86

Oṁ jaladāya namaḥ

ॐ जलदाय नमः

jala जल engourdi | froid — eau ; fluide | au pluriel jalāni : les eaux — Au féminin jalā : rivière.

da द qui donne

jalada जलद «qui donne de l'eau», nuage.

Salutations à Toi, Qui donnes l'Eau (la Vie) !

87

Oṁ kamaṇḍaludharāya namaḥ

ॐ कमण्डलुधराय नमः

kamaṇḍalu कमण्डलु pot à eau utilisé par les ascètes. La tradition accorde une haute importance symbolique au kamaṇḍalu. Par exemple, selon le Skanda Purāṇa, le sage Agastya se rendit au Kailāsa pour demander à Śiva une eau sacrée pour consacrer un lieu saint : la rivière Kāverī y étant là en prières, Śiva remit à Agastya l'eau de la Kāverī dans son pot à eau [kamaṇḍalu]. Agastya partit au Sud, et il méditait lorsque Gaṇeśa, changé en corbeau, se posa à la demande d'Indra sur le pot à eau qui, en se renversant, donna naissance à la rivière Kāverī sur Terre.

dharā धरा qui porte, qui soutient ; qui transporte ; qui préserve. Bhūdhara est une montagne. Dans la mythologie, c'est une épithète de Viṣṇu-Kūrma (Tortue-socle). Dhara désigne aussi le Sol terrestre, personnifié comme l'un des 8 Trésors [vasu].

Salutations à Toi, Qui préserves les Eaux Sacrées !

88

Oṁ bālarūpiṇe namaḥ

ॐ बालरूपिणे नमः

bāla बाल «qui est vigoureux», jeune | puéril, candide ; niais, nigaud — enfant, jeune garçon. Synonyme de kumāra, śiśu | mineur | débutant.

rūpin रूपिन् corporel ; qui a une telle forme, beau, joli — qui a la forme de, caractérisé par.

bālarūpin बालरूपिन् semblable à un enfant ; se dit notamment de Kṛṣṇa enfant [Bālakṛṣṇa] ou de Viṣṇu-Upendra, dernier-né d'Aditi, la Mère-Nature Indivise.

Salutations à Toi, Semblable à un Enfant !

89

Oṁ mahāyakṣāya namaḥ

ॐ महायक्षाय नमः

mahat महत् grand (en espace, en temps, en quantité) ; haut, vaste, éminent, important | riche en — chose importante ; connaissance sacrée — abréviation de mahātattva : l'essence [tattva] de l'intellect [buddhi], ou pouvoir de discrimination ; c'est le premier stade d'évolution de la nature [prakṛti], où apparaît la distinction de la qualité [guṇa] | personne éminente, grand homme | supérieur d'un temple ou d'un monastère.

yakṣa यक्ष esprit, être surnaturel ; génie doué de pouvoirs magiques. Dans la mythologie, ce sont des génies tutélaires, qui sont notamment serviteurs de Kubera (dieu des richesses) et gardien de ses trésors. Les yakṣās, génies agrestes, représentent les forces chtoniennes produisant les trésors minéraux, les métaux nobles et les pierres précieuses. Ils sont représentés corpulents et avec un gros ventre. Suketu est leur roi et Alakā est leur capitale. Les yakṣās sont invoqués par les caravanes pour la protection du voyage. On peut être possédé par un yakṣa, ou prétendre l'être pour éconduire un soupirant importun. Ils sont souvent associés à un arbre sacré.

Salutations à Toi, Grand Esprit Sacré !

90

Oṁ padmahastāya namaḥ

ॐ पद्महस्ताय नमः

padma पद्म Nelumbium speciosum, lotus rose. C'est un symbole de beauté et de pureté. Kamala est un synonyme. — C'est aussi l'adjectif splendide — Dans la mythologie, Padmā est une épithète de Lakṣmī «pure comme le lotus». — En mathématique, padma correspond à un milliard.

hasta हस्त main ; avant-bras ; trompe (d'éléphant) ; kara et pāṇi sont des synonymes | écriture manuscrite ; signature ; preuve (au figuré) | En astronomie, Hasta «la Main» est le 11ième astérisme lunaire, correspondant à la constellation du Corbeau. Son symbole est la main (d'or) de Savitā, qui y préside | coudée, mesure de longueur d'un avant-bras, du coude au bout des doigts, égale à 24 pouces (environ 45 cm) ; il y en a 4 dans un arc | geste de la main au théâtre ; on en recense 67.

Salutations à Toi, Qui as le Lotus en Main !

91

Oṁ puṇḍarīkākṣāya namaḥ

ॐ पुण्डरीकाक्षाय नमः

puṇḍarīka पुण्डरीक fleur de lotus, notamment la fleur de lotus blanc, symbole de la beauté — beauté de | tigre ; variété d'animaux, de riz, de canne à sucre, de mangue, etc...
puṇḍarīkanayanā : aux yeux de lotus (symbole de beauté) — épithète de Viṣṇu ou de Kṛṣṇa «aux yeux de lotus».

kṣi क्षि posséder, gouverner ; être maître de — habiter, demeurer, résider | être tranquille ; être caché.

kṣa क्ष [object de kṣi] champ.

Salutations à Toi, Qui est caché dans la Fleur de Lotus !

92

Oṁ padmagṛhāya namaḥ **Oṁ padmanilayāyai namaḥ**

ॐ पद्मगृहाय नमः **ॐ पद्मनिलयायै नमः**

padma पद्म Nelumbium speciosum, lotus rose. C’est un symbole de beauté et de pureté. Kamala est un synonyme. — C'est aussi l'adjectif splendide — Dans la mythologie, Padmā est une épithète de Lakṣmī «pure comme le lotus». — En mathématique, padma correspond à un milliard.

gṛha गृह maison, habitation, demeure ; appartement, chambre — domestique, serviteur | maison, foyer, appartements ; pénates, domaine familial ; domestiques ; épouse.

nilaya निलय séjour ; demeure, résidence ; refuge.

Salutations à Toi, **Qui as pour Demeure un Lotus !**

93

Oṁ kāmalāsanāya namaḥ **Oṁ vārijāsanāyai namaḥ**

ॐ कामलासनाय नमः **ॐ वारिजासनायै नमः**

kāmalā कामला rose pâle — botanique : Nelumbium speciosum, lotus rose. Il s'ouvre durant le jour. On lui compare le visage des femmes, leurs lèvres, leurs mains et leurs pieds. Les autres synonymes de kāmalā : nalina, padma, paṅkaja, ambuja, ambhoja, abja, aravinda | biologie : orange douce (mandarine).

kāmalāsana कामलासन celui qui est assis sur le lotus.

vāri वारि eau ; pluie | fluide ; fluidité.

vārija वारिज «né dans l'eau», lotus.

āsana आसन siège ; poste, situation | posture, manière d'être assis | philosophie : posture rituelle de yoga.

Salutations à Toi, **Assis.e sur un Lotus** !

94

Oṁ padmanetrāya namaḥ

ॐ पद्मनेत्राय नमः

padma पद्म Nelumbium speciosum, lotus rose. C'est un symbole de beauté et de pureté. Kamala est un synonyme. — C'est aussi l'adjectif splendide — Dans la mythologie, Padmā est une épithète de Lakṣmī «pure comme le lotus». — En mathématique, padma correspond à un milliard.

netṛ नेतृ qui conduit, qui mène — conducteur, guide, chef.

netra नेत्र conducteur, guide, chef — œil | En mathématique, netra symbolise le nombre 2 | corde (servant à faire tourner la baratte ou le bâton à feu) | conduit, tuyau.

netrakamala नत्रकमल œil de lotus (symbole de beauté).

Salutations à Toi, Le Guide au Lotus !

95

Oṁ padmatanave namaḥ

ॐ पद्मतनवे नमः

padma पद्म Nelumbium speciosum, lotus rose. C’est un symbole de beauté et de pureté. Kamala est un synonyme. — C'est aussi l'adjectif splendide — Dans la mythologie, Padmā est une épithète de Lakṣmī «pure comme le lotus». — En mathématique, padma correspond à un milliard.

tan तन् tendre, étendre ; allonger | exécuter, accomplir (le sacrifice).

tanū तनू mince, svelte, élancé ; ténu, léger, fin, maigre; clair (liquide) ; subtil | faible, peu important, négligeable — au féminin : tanvī [élancée] jolie femme.

Salutations à Toi, Subtil Lotus !

96

Oṁ padmabodhakāra namaḥ

ॐ पद्मबोधकार नमः

padma पद्म Nelumbium speciosum, lotus rose. C’est un symbole de beauté et de pureté. Kamala est un synonyme. — C'est aussi l'adjectif splendide — Dans la mythologie, Padmā est une épithète de Lakṣmī «pure comme le lotus». — En mathématique, padma correspond à un milliard.

bodhaka बोधक qui réveille, qui stimule ; qui explique, qui instruit — instructeur, professeur— qui dénote, qui indique, qui signifie.

Salutations à Toi, L'Éveilleur au Lotus !

Padma पद्म

Abja अब्ज «né dans l'eau», lotus, épithète de Brahmā.
Kaṁja कंज «issu de l'eau», lotus ; épithète de Brahmā.
Kamala कमल lotus rose (il s'ouvre durant le jour).
Nalina नलिन lotus rose ; Nalinī : étang couvert de lotus ; branche de la Voie lactée [Mandākinī].
Paṅkaja पञ्कज «né de la boue», lotus rose.
Indirālaya इन्दिरालय «réceptacle de Lakṣmī», lotus bleu.
Padma पद्म «pure comme le lotus» lotus rose ; splendide ; épithète de Lakṣmī ; un milliard.

tava mukhaṁ kamalaśriyam āharati
तव मुखं कमलश्रियम् आहरति
Ton visage a la beauté du lotus.

9. Durgā en tant que Sāvitrī / Gāyatrī

Fille du Soleil, Sāvitrī सावित्री est la sœur aînée de Tapatī तपती. Brahmā ब्रह्मा a épousé ces sœurs. Certains Purāṇas affirment que Sāvitrī, Gāyatrī गायत्री et Sarasvatī सरस्वती ne sont qu'un seul et même être.

Le Padma Purāṇa, Sṛṣṭikhaṇḍa, chapitre 17, raconte que Brahmā alla voir un jour Gāyatrī en l'absence de Sāvitrī, qui, furieuse, maudit tous les dieux. Voici l'histoire :

Un jour, Brahmā se rendit à Puṣkara pour accomplir un sacrifice. Śiva शिव, Viṣṇu विष्णु et tous les ermites s'y rendirent. Tout était prêt pour le sacrifice, comme le veut la tradition. Mais Sāvitrī, occupée aux tâches ménagères, n'était pas encore arrivée. Un prêtre fut donc envoyé pour la chercher.

Sāvitrī dit au prêtre : « Je n'ai pas fini de m'habiller. Il y a tant de choses à faire ici. De plus, Lakṣmī लक्ष्मी, Bhavānī भवानी, Gaṅgā गङ्गा, Svāhā स्वाहा, Indrāṇī इन्द्राणी, les femmes célestes, les épouses des Ṛṣis ऋषि (Sages ermites), aucune d'elles n'est encore arrivée. Comment puis-je entrer dans la salle en étant la seule femme ? »

Le prêtre revint et annonça qu'il était peu commode pour Sāvitrī de venir à ce moment précis, car elle avait tant de travail.

Brahmā, furieux, dit à Indra इन्द्र : « Seigneur Indra, c'est à toi de me trouver une épouse d'où tu veux. Mais cela doit être fait immédiatement. »

Sur l'ordre de Brahmā, Indra choisit Gāyatrī गायत्री, une jeune fille bienveillante issue d'une famille de bouviers, et l'amena sur l'estrade sacrificielle. Avec la bénédiction des ermites et des dieux, Brahmā lui prit la main et la reconnut comme son épouse.

Sāvitrī s'habilla avec élégance, se para d'ornements et atteignit la salle des sacrifices. Elle vit la scène du mariage et devint furieuse. Tous les assistants retinrent leur souffle, pensant au danger imminent.

Tremblante de colère, Sāvitrī dit : « Brahmā, comment as-tu pu commettre ce péché ? Ne m'as-tu pas épousée avec le feu comme témoin ? Je suis ton épouse. N'as-tu pas honte ? »

Les trois divinités frissonnèrent de peur. Sāvitrī maudit tout le monde. La malédiction lancée contre Brahmā était que personne ne devrait le vénérer à un autre moment que le mois de Kārttika.
Elle maudit Indra, lui disant que des ennemis entreraient dans le monde des dieux et en feraient leur prisonnier.

Sāvitrī s'écria que Viṣṇu prendrait naissance humaine par la malédiction de Bhṛgu भृगु.
Elle maudit Śiva, lui disant qu'il perdrait sa virilité.
Elle maudit Agni अग्नि, le condamnant à manger tout et n'importe quoi sans distinction de pureté ou d'impureté.
Elle maudit les brahmanes, les condamnant à ne plus accomplir de sacrifices que pour obtenir des dons et à errer de temple en temple et de tīrtha en tīrtha uniquement pour le profit.

Prononçant ces mots de malédiction, Sāvitrī quitta la salle des sacrifices. Lakṣmī et d'autres déesses la suivirent un moment. Puis elles implorèrent la permission de revenir.

Sāvitrī leur lança : « Lakṣmī ! Tu me quittes. N'est-ce pas ? Bien. Désormais, tu ne seras plus nulle part ici. Puisses-tu devenir la compagne des méchants, des hésitants, des vils, des pécheurs, des cruels, des insensés, etc...».

Indrāṇī désirait revenir également. « Écoute ceci : Indra tuera Vṛtra वृत्र et commettra le péché de Brahmahatyā, et à ce moment-là, Nahuṣa नहुष s'emparera du paradis. Alors, Nahuṣa te maltraitera. »

Regardant les femmes célestes qui se rendaient à la salle des sacrifices, Sāvitrī dit : « Regardez, ô femmes célestes ! Aucune d'entre vous ne donnera naissance à un enfant et vous ne goûterez pas au plaisir d'élever un enfant. »

Après ces mots, Sāvitrī quitta la salle.

Ne sachant que faire, tous restèrent assis. Aussitôt, Gāyatrī se leva et, regardant tout le monde, dit, comme pour la rémission des malédictions :

« J'annulerai toutes les malédictions. Ceux qui vénèrent Brahmā seront bénis par le bonheur d'une femme, d'enfants et de richesses, et ils s'uniront à Brahmā.

Même si Indra est fait prisonnier, il sera libéré par son fils et redeviendra le roi du ciel.

Viṣṇu sauvera sa femme et tuera l'ennemi.

Le phallus sera vénéré dans tous les mondes.

Les brahmanes étant les dieux sur terre, le don que vous recevrez sera considéré comme un dû.

Lakṣmī ! Ne t'inquiète pas. Tous t'adoreront. Celui que tu favorises deviendra riche, et celui que tu délaisses deviendra malheureux.

Toi, Indrāṇī ! À cause de l'arrogance de Nahuṣa, Agastya अगस्त्य le transformera en un gros python et il tombera à terre.

Quant à vous, servantes célestes, vous ne désirerez plus d'enfants. Ainsi, l'absence d'enfant ne vous rendra pas malheureuse. »

Par ces paroles de bénédiction de Gāyatrī, tous les présents de la salle sacrificielle furent apaisés.

Gāyatrī, l'hymne du Ṛgveda

Gāyatrī गायत्री est aussi un mètre védique en poésie (3 fois 8 syllabes). C'est l'un des hymnes les plus sacrés du Ṛgveda, d'auteur Viśvāmitra विश्वामित्र, louant Savitā le Soleil levant à l'aube. Il est nommé Sāvitrī à midi, et Sarasvatī au coucher du Soleil. Tout aryen doit le prononcer soir et matin, face au soleil. Il est aussi récité lors de la cérémonie de l'initiation :

Oṁ bhūrbhuvaḥ svaḥ
tat savitur vareṇyaṁ bhargo devasya dhīmahi I
dhiyo yo naḥ pracodayāt II [Ṛgveda Saṁhitā]
ॐ भूर्भुवः स्वः तत् सवितुर् वरेण्यं भर्गो देवस्य धीमहि ।
धियो यो नः प्रचोदयात् ॥ [ऋग्वेद संहिता]

Oṁ ! Par la Terre, les Mondes et le Ciel,
Méditons sur la lumière resplendissante du divin Soleil,
afin qu'il inspire nos pensées.

C'est un glorieux mantra védique. Il existe 19 catégories de choses mobiles et immobiles en ce monde, et si l'on y ajoute les 5 éléments, on obtient le nombre 24. C'est pourquoi le mantra de la Gāyatrī गायत्री comporte 24 lettres. (Chapitre 4, Bhīṣma Parva).

À l'époque de Tripuradahana (incendie de Tripura), Śiva suspendit ce Gāyatrī mantra comme une corde au sommet de son char (Chapitre 34, Karṇa Parva).

Dans la mythologie, Gāyatrī «Celle qui chante», est l'incarnation divine de cette formule liturgique, patronne de la poésie et épouse de Brahmā.

Gāyatrī est aussi le nom de la jument attelée au char de Sūrya, le dieu-Soleil.

Saptanadī सप्तनदी

Ce sont les 7 rivières sacrées
que le Mahābhārata nomme comme suit :

Gaṅgā गङ्गा, **Sarasvatī** सरस्वती,

Sītā सीता, **Pāvanī** पावनी,

Nalinī नलिनी, **Jambu** जम्बु, et **Sindhu** सिन्धु.

97

Oṁ gāyatrīpataye namaḥ

ॐ गायत्रीपतये नमः

gāyatrī गायत्री chant, hymne en mètre védique (3 fois 8 syllabes). En littérature, c'est l'un des hymnes les plus sacrés du Ṛgveda, d'auteur Viśvāmitra, louant Savitā le Soleil levant à l'aube. Il est nommé Sāvitrī à midi, et Sarasvatī au coucher du Soleil. Tout aryen doit le prononcer soir et matin, face au soleil [saṁdhyā]. Il est aussi récité lors de la cérémonie [saṁskāra] de l'initiation [upanayana]. Dans la mythologie, Gāyatrī «Celle qui chante» est l'incarnation divine de cette formule liturgique, patronne de la poésie. Brahmā est son époux.

pati पति mari, maître, seigneur de

Salutations à Toi, Seigneur des Hymnes Védiques !

98

Oṁ sāvitrīpataye namaḥ **Oṁ sāvitryai namaḥ**

ॐ सावित्रीपतये नमः ॐ सावित्र्यै नमः

sāvitrī सावित्री un des hymnes les plus sacrés du Ṛgveda, louant Savitā. C'est un synonyme de Gāyatrī. Dans la mythologie, Sāvitrī personnifie l'Incitatrice : elle est la muse personnifiant l'inspiration et l'intuition. Elle est l'épouse de Savitā*.

***Savitā** सविता Dans la mythologie, Savitā est un dieu créateur radieux (Āditya) du Soleil levant. Il est «l'Incitateur» aux mains d'or Hiraṇyahasta. Savitā symbolise le pouvoir magique du Verbe identifié au pouvoir procréateur du Soleil Sūrya. En astronomie, Savitā préside la constellation nakṣatra du Corbeau Hasta.

pati पति mari, maître, seigneur de.

Salutations à Toi, **Incitateur.trice** !

99

Oṁ varadāya namaḥ

ॐ वरदाय नमः

varada वरद propice ; qui exauce les désirs, qui accorde des dons. Dans la mythologie, Varada «Bienfaiteur» est aussi un aspect propice de Viṣṇu-Nārāyaṇa, représenté en padmanābha («dont le nombril porte le lotus (de la Création)»).

Salutations à Toi, Qui exauces les Désirs !

100

Oṁ vanamāline namaḥ

ॐ वनमालिने नमः

vana वन bois, forêt naturelle ; nature, végétation, massif ; arbre | jardin d’agrément, bosquet ; verger | multitude, abondance — (animal) sauvage.

mālin मालिन् qui porte une guirlande, couronné ; ceint de — jardinier ; fleuriste

mālinī मालिनी de la rivière Mālinī, sur les berges de laquelle vivait le sage [ṛṣi] Kaṇva. Dans l'épopée du Mahābhārata Mālinī «Enguirlandée», était la fausse identité de Draupadī déguisée à la cour du roi Virāṭa | fleuriste ; épouse de jardinier/fleuriste. | Dans la littérature, mālinī est un mètre poétique «en guirlande».

Salutations à Toi, Enguirlandé d'Abondance !

101

Oṁ janapriyāya namaḥ

ॐ जनप्रियाय नमः

jan जन् naître (de) | se produire, arriver ; devenir — engendrer, enfanter | produire, causer.

jana जन homme, personne, être ; créature | (collectif) les hommes, les gens, les sujets ; le personnel ; l'humanité | Au pluriel janās signifie troupe, foule, peuple, gent | un parmi, un quelconque, plusieurs, en général ; un éminent — Au féminin janī ou jani est une femme, une épouse.

priya प्रिय cher, aimé ; amical, agréable | cher à | cher, coûteux | qui aime, qui apprécie ; épris de, attaché à — m. bien-aimé, mari, amant — ce qui est cher.

Salutations à Toi, Qui aimes l'Humanité !

102

Oṁ janādhyakṣāya namaḥ

ॐ जनाध्यक्षाय नमः

jan जन् naître (de) | se produire, arriver ; devenir — engendrer, enfanter | produire, causer.

jana जन homme, personne, être ; créature | (collectif) les hommes, les gens, les sujets ; le personnel ; l'humanité | Au pluriel, janās signifie troupe, foule, peuple, gent | un parmi, un quelconque, plusieurs, en général ; un éminent — Au féminin janī ou jani est une femme, une épouse.

adhyakṣā अध्यक्षा «sous les yeux» perceptible, observable | qui supervise, qui préside — observateur, témoin | inspecteur ; superintendant ; président.

Salutations à Toi, Qui présides l'Humanité !

103

Oṁ dhanādhipāya namaḥ

ॐ धनाधिपाय नमः

dhana धन biens, possessions ; richesse | la richesse, un āyādi.

adhipati अधिपति maître, chef, supérieur ; prince, maître suprême, roi | Dans la mythologie, c'est un dieu souverain, se dit notamment d'Indra, de Varuṇa, d'Agni.

dhanādhipati धनाधिपति «maître des richesses», une épithète de Kubera, le dieu des richesses.

Salutations à Toi, Seigneur des Richesses !

104

Oṁ nārāyaṇāya namaḥ

ॐ नारायणाय नमः

nāra नार relatif à l'homme, humain ; mortel

yaṇ यण् notation grammaticale pratyāhāra des semi-voyelles y, r, l et v.

ayana अयन chemin, trajet, parcours | En astronomie, c'est une demi-année (parcours du Soleil d'un solstice à l'autre), solstice | fait d'approcher, arrivée.

Nārāyaṇa नारायण «Refuge des Hommes» ; Selon la mythologie, Nārāyaṇa est Viṣṇu sommeillant sur les eaux primordiales entre deux ères, reposant sur les anneaux du serpent Śeṣa-Ananta. La création du monde est issue de son nombril, d'où s'élève un lotus portant Brahmā (Mahābhārata, Vana Parva, chapitre 203, strophe 10). Nārāyaṇa représente l'éveil de la Manifestation Divine. | En philosophie, Nārāyaṇa est Dieu en l'Homme | En littérature, c'est aussi l'hymne au Puruṣa [puruṣasūkta] (attribué à Nārāyaṇa).

Salutations à Toi, Refuge des Hommes !

105

Oṁ śuklavarṇāya namaḥ

ॐ शुक्लवर्णाय नमः

śukla शुक्ल brillant, resplendissant | blanc | clair, pur, immaculé — la couleur blanche | quinzaine de lune croissante | En astronomie, Śukla «Brillant» est un fils de Nāradī personnifiant l'an 3 d'un cycle de vie. | En mythologie, c'est une épithète de divers dieux, êtres ou objets.

varṇa वर्ण manteau, couverture ; apparence, aspect | couleur, teinte ; pigment, couleur pour peindre ; couleur de peau, teint | sorte, espèce, catégorie | qualité, propriété. | catégorie sociale védique, classe ou caste majeure ; la tradition en distingue 4 brāhmaṇa, kṣatriya, vaiśya et śūdra, qui se subdivisent en corporations héréditaires ou castes mineures de métiers et de régions. | mathématique : symbolise le nombre 4 | grammaire : phonème ; lettre, voyelle. | note, son, musique, mélodie, poème.

Salutations à Toi, À l'Aspect Resplendissant !

106

Oṁ umāpataye namaḥ

ॐ उमापतये नमः

umā उमा «Lumière», épithète de Durgā-Pārvatī, épouse de Śiva-Maheśvara. | botanique : Linumusitatissimum, le lin.

pati पति mari, maître, seigneur de.

umāpati उमापति «époux d'Umā», épithète de Śiva.

Salutations à Toi, Seigneur de la Lumière !

107

Oṁ divānāthāya namaḥ

ॐ दिवानाथाय नमः

div दिव् védique : ciel | mythologie : de Dyau, le Ciel-Lumière personnifié, un Trésor [vasu].

divā दिवा adverbe : de jour, pendant le jour.

nātha नाथ maître, seigneur ; protecteur, époux.

Salutations à Toi, Seigneur du Jour !

108

Oṁ parameṣṭhīne namaḥ **Oṁ parāyai namaḥ**

ॐ परमेष्ठीने नमः **ॐ परायै नमः**

Para पर antérieur dans le temps, ancien | plus éloigné dans l'espace | qui suit, qui vient après ; second, postérieur, futur ; ultérieur ; dernier, extrême ; excessif | supérieur ; principal, suprême, puissant ; absolu | autre, éloigné, différent ; opposé ; étranger, adverse ; hostile, ennemi — l'autre, l'étranger ; l'ennemi | esprit suprême, Absolu — point le plus éloigné, plus haut degré ; occupation principale — [parāvāc] la Parole primordiale, 1er stade de la manifestation du son |[parāśakti] Parā, l'Énergie créatrice suprême transcendante — suprême.

Parameṣṭhin परमेष्ठिन् celui qui demeure dans le monde de la vérité ou Parama ; supérieur ; suprême | «en position prééminente», titre royal — Dans la mythologie, Parameṣṭhī «Être Suprême», est une épithète de Brahmā et divers dieux | Nom propre de sages ou héros.

Salutations à Toi, **Être Suprême !**

vedāham etaṁpuruṣaṁ mahāntam
ādityavarṇaṁ tamasaḥ parastāt

वेदाहम् एतंपुरुषं महान्तम् आदित्यवर्णं तमसः परस्तात्

Je connais cet Être suprême,
de l'éclat du Soleil, au-delà des ténèbres.

Les lexiques

Élargissons maintenant le panel.

Affinons les possibles.

Durgā est donc la force combinée de tous les dieux réunis.

La musicalité de Brahmā est merveilleusement en harmonie avec celle de Durgā. Et réciproquement. C'est une union puissante de majesté, qu'ils offrent au rythme de l'instant.

Une musique tantôt tranquille, tantôt tumultueuse.

Un rythme tantôt doux, tantôt soutenu.

Cette partie compile quelques détails complémentaires sur Brahmā et Durgā. Comme pour entrevoir des possibles d'harmonie au service de la Conscience Humaine.

Lexique du brahmane

Ce lexique est classé selon l'ordre alphabétique sanskrit :

a ā i ī u ū ṛ e ai o au
k kh **g** gh ṅ **c** ch **j** jh ñ ṭ ṭh ḍ ḍh ṇ **t** th **d** dh **n**
p ph **b** bh **m** **y r l v ś ṣ s h**

na jāyate mriyate vā kadācinnāyaṁ bhūtvā bhavitā vā na bhūyaḥ । ajo nityaḥ śāśvato'yaṁ purāṇo na hanyate hanyamāne śarīre ॥ [Bhagavad Gītā]
न जायते म्रियते वा कदाचिन्नायं भूत्वा भविता वा न भूयः ।
अजो नित्यः शाश्वतोऽयं पुराणो न हन्यते हन्यमाने शरीरे ॥
[भगवद् गीता]

Jamais il ne naît ni ne meurt,
existant, il ne cessera jamais d'exister ;
increé, éternel, perpétuel, ancien,
il n'est pas détruit quand le corps périt.

Brahmadhvaja ब्रह्मध्वज étendard de victoire de Brahmā. Il est de brocard jaune, porté par une longue hampe en bambou. Il est honoré au Nouvel An [yugādi].

Brahmabhakta ब्रह्मभक्त adorateur / dévot de Brahmā.

Brahmapura ब्रह्मपुर «Cité de Brahmā» au Ciel | Brahmapurī «Ville de Brahmā» au Kailāsa | quartier des brahmanes dans un village.

Brahmabhuvana ब्रह्मभुवन monde de Brahmā.

Brahmacarya ब्रह्मचर्य étude du Veda, apprentissage de la science sacrée | C'est le 1er stade de la vie brahmanique [āśrama], état d'étudiant abstinent s'instruisant auprès de son maître [guru] | célibat, chasteté, continence | philosophie yoga : la chasteté, une des vertus [yama]. Le vermillon [sindūra] est son symbole.

Brahmajanman ब्रह्मजन्मन् «naissance au brahman», cérémonie de l'upanayana.

Brahmajijñāsā ब्रह्मजिज्ञासा recherche du brahman.

Brahmajña ब्रह्मज्ञ qui connaît le sacré | saint.

Brahmatattva ब्रह्मतत्त्व «essence du brahman» en philosophie Sāṁkhya, c'est la conscience spirituelle qui imprègne tout.

Brahmatejas ब्रह्मतेजस् en philosophie, c'est la puissance de Brahmā ; effulgence des brahmanes.

upanīya tu yaḥ śiṣyaṁ vedam adhyāpayed dvijaḥ I
sakalpaṁ sarahasyaṁ ca tam ācāryaṁ pracakṣate II
[Manu]
उपनीय तु यः शिष्यं वेदम् अध्यापयेद् द्विजः ।
सकल्पं सरहस्यं च तम् आचार्यं प्रचक्षते ॥ [मनु]

On appelle Maître un brahmane qui initie un étudiant et lui enseigne le Véda avec les textes rituels et ésotériques.

Brahmadaṇḍa ब्रह्मदण्ड «Sceptre de Brahmā», arme cosmique utilisée par Rāma pour écarter les eaux et permettre le passage vers Laṅkā.

Brahmadviṣ ब्रह्मद्विष् ennemi des brahmanes.

Brahmaniṣṭha ब्रह्मनिष्ठ absorbé dans la contemplation du brahman. Selon le Muṇḍakopaniṣad, c'est être établi dans le brahman (qualité nécessaire d'un guru).

Brahmabandha ब्रह्मबन्ध nœud du cordon sacré des brahmanes [yajñopavīta].

tantudhārin तन्तुधारिन्

«porteur de cordon», brahmane.

Brahmabandhu ब्रह्मबन्धु brahmane indigne ou bâtard ; faux brahmane.

nocchiṣṭaṁ kasyacid dadyāt [Manu]
नोच्छिष्टं कस्यचिद् दद्यात् [मनु]

(Le brahmane) ne doit donner aucun de ses restes (de repas, de sacrifice).

Brahmayajña ब्रह्मयज्ञ Selon le Śatapatha Brāhmaṇa, c'est le sacrifice védique au brahman, ou récitation privée du Veda, un des cinq rites majeurs [mahāyajña]. Il est effectué notamment lors du renouvellement du cordon sacré.

Brahmarandhra ब्रह्मरन्ध्र fontanelle, 10ième ouverture du corps humain | En philosophie Vedānta, «l'ouverture de Brahmā», est la région du cerveau située sous la fontanelle antérieure, siège de l'Esprit, des perceptions, et du corps subtil de l'âme.

Brahmarākṣasa ब्रह्मराक्षस mauvais génie | Dans la mythologie, le «vampire de savoir» est une classe de démon en lequel renaît un lettré [paṇḍita] qui a négligé de transmettre son savoir.

Brahmarṣi ब्रह्मर्षि dans la mythologie, les brahmarṣi sont des Sages [ṛṣi] de la caste brahmanique. Il y en a notamment 10 qui correspondent aux 10 clans védiques associés aux recueils [maṇḍala] du Ṛgveda : Aṅgirā, Kaṇva, Vasiṣṭha, Viśvāmitra, Atri, Bhṛgu, Kaśyapa, Gṛtsamada, Agastya et Bharata.

catvāri vāk parimitā padāni tāni vidubrāhmaṇā ye manīṣiṇaḥ I guhā trīṇi nihitā neṅgayanti turīyaṁ vāco manuṣyā vadanti II [Ṛgveda Saṁhitā]
चत्वारि वाक् परिमिता पदानि तानि विदुब्राह्मणा ये मनीषिणः ।
गुहा त्रीणि निहिता नेङ्गयन्ति तुरीयं वाचो मनुष्या वदन्ति ॥[ऋग्वेद संहिता]

On distingue quatre sortes de langues ;
les brahmanes érudits les connaissent ;
trois d'entre elles ne sont pas révélées,
et sont transmises en secret ;
les hommes parlent la quatrième.

Brahmaloka ब्रह्मलोक «Ciel de Brahmā», où sont transportés ceux qui sont délivrés des renaissances. Satyaloka «Ciel de Vérité» est un synonyme. Selon le Praśnopaniṣad, on y accède en chantant Oṁ ओं ॐ.

khalvahaṁ brahmasūtram
खल्वहं ब्रह्मसूत्रम्

En vérité, je suis la connaissance du brahman.

Brahmavadha ब्रह्मवध ou **Brahmahatyā** ब्रह्महत्या brahmanicide, meurtre d'un brahmane.

Brahmavarcasa ब्रह्मवर्चस philosophie : splendeur divine ; prééminence en savoir sacré ; pouvoir surhumain.

Brahmavāc ब्रह्मवाच् philosophie : le texte sacré révélé par Brahmā ; le Veda.

Brahmavidyā ब्रह्मविद्या philosophie : connaissance sacrée ; connaissance du brahman.

Brahmavihāra. ब्रह्मविहार «promenade du brahman», une conduite pieuse suivant les 4 qualités morales :

1- la compassion,	karuṇā	करुणा
2- l'équanimité,	upekṣā	उपेक्षा
3- la fraternité,	maitrī	मैत्री
4- la gaieté,	muditā	मुदिता

Brahmaśiras ब्रह्मशिरस् «Tête de Brahmā». Selon le Mahābhārata, c'est l'arme céleste magique de Rudra. Avec elle, Paśupati coupa la cinquième tête de Brahmā. L'arme fut enseignée par Droṇa à Arjuna. Son fils Aśvatthāmā en possédait aussi le secret. Elle est si destructrice qu'on ne peut l'utiliser contre un humain, au risque de détruire le Monde entier. C'est un synonyme de Pāśupata.

Brahmasūtra ब्रह्मसूत्र cordon sacré ; synonyme de yajñasūtra.

Brahmastena ब्रह्मस्तेन «voleur de sacré», qui s'accapare le savoir védique de façon illicite.

> jātibrāhmaṇa जातिब्राह्मण
>
> qui n'est brahmane que par la naissance
> (et non par le savoir).

Brahmāṇḍa ब्रह्माण्ड «œuf cosmique» en philosophie, l'univers ; le macrocosme.

> yasya brāhmaṇasāt sarvaṁ vittam āsīt [Mahābhārata]
> यस्य ब्राह्मणसात् सर्वं वित्तम् आसीत् [महाभारत]
> Dont tous les biens ont été donnés aux brahmanes.

Brahmāvarta ब्रह्मावर्त «Terre sainte», territoire compris entre la Sarasvatī et la Dṛṣadvatī. C'est aussi un lieu saint sur le Gange là où Brahmā déploya l'Univers, et célébra l'aśvamedha (sacrifice de cheval). La tradition dit que se trouve tout près l'ermitage de Vālmīki, où Sītā répudiée éleva ses fils Kuśa et Lava.

Brahmāstra ब्रह्मास्त्र «missile de Brahmā», incantation rendant une arme invincible.

Brahmodya ब्रह्मोद्य (discours) relatif au sacré — joute poétique ; défi rhétorique, débat théologique | énigmes du Veda (en strophes contigües formant question et réponse) —brahmodyā : récit mythologique.

Brahmaudana ब्रह्मौदन don de riz (cuit) aux brahmanes officiant au sacrifice.

tasmād ādhitsur brahmaudanaṁ pacet |
tena putrotpādakaṁ reta eva dadhāti ||
[Taittirīya Brāhmaṇa]
तस्माद् आधित्सुर् ब्रह्मौदनं पचेत् ।
तेन पुत्रोत्पादकं रेत एव दधाति ॥ [तैत्तिरीय ब्राह्मण]

C'est pourquoi celui qui désire engendrer
doit faire cuire du riz offertoire ;
ainsi il produit de la semence bonne à produire un fils.

Brahmaṇya ब्रह्मण्य bienveillant à l'égard des brahmanes ; pieux — épithète de Kārttikeya, fils de Śiva et chef de l'Armée des dieux.

Brahmiṣṭha ब्रह्मिष्ठ superlatif de brahman. C'est un brahmane de plus haut degré ; qualifie des lettrés et princes très pieux. | Dans la mythologie, brahmiṣṭha «brahmanissime» qualifie notamment Bṛhaspati (Prêtre des dieux) et Prajāpati.

svargakāmo yajeta
स्वर्गकामो यजेत

Qui veut aller au Ciel doit offrir un sacrifice.

Brāhma ब्राह्म relatif à Brahmā ou au brahmane ; divin, sacré | prescrit par le Veda — C'est aussi une forme de mariage [vivāha] | Dans la mythologie, c'est le patronyme de Nārada — étude du Veda.

Brāhmaṇaka ब्राह्मणक propre aux brahmanes | Se dit aussi d'un pays habité par des brahmanes guerriers.

Brāhmīghṛta ब्राह्मीघृत En Āyurveda, c'est une concoction de lait, de gingembre et de jus d'écuelle d'eau. On la donne aux jeunes garçons pour améliorer leur intelligence et éloquence.

> paṭhan dvijo vāgṛṣabhatvam īyāt syāt
> kṣatriyo bhūmipatitvam īyāt |
> vaṇigjanaḥ paṇyaphalatvam īyāt janaś ca śūdro'pi
> mahattvam īyāt || [Rāmāyaṇa]
> पठन् द्विजो वागृषभत्वम् ईयात् स्यात् क्षत्रियो भूमिपतित्वम् ईयात् ।
> वणिग्जनः पण्यफलत्वम् ईयात् जनश् च शूद्रोऽपि महत्त्वम् ईयात् ॥
> [रामायण]
>
> Qu'en lisant (le Rāmāyaṇa)
> puisse un brahmane acquérir l'éloquence,
> puisse un kṣatriya acquérir un royaume,
> puisse un marchand acquérir la richesse,
> et puisse même un śūdra accéder à l'éminence.

nārāyaṇaṁ namaskṛtya I naraṁ caiva narottamam I
devīṁ sarasvatīṁ caiva I tato jayamudīrayet II
नारायणं नमस्कृत्य । नरं चैव नरोत्तमम् ।
देवीं सरस्वतीं चैव । ततो जयमुदीरयेत् ॥

Ayant honoré Nārāyaṇa, Nara, Narottama,

et la déesse Sarasvatī,

que soit maintenant proclamé le chant de victoire.

(invocation avant la récitation du Mahābhārata)

Lexique de Brāhmī

Ce lexique est classé selon l'ordre alphabétique sanskrit :

a ā i ī u ū ṛ e ai o au
k kh **g** gh ṅ **c** ch **j** jh ñ ṭ ṭh ḍ ḍh ṇ **t** th **d** dh **n**
p ph **b** bh **m** **y r l v** ś ṣ **s** **h**

Irā इरा qui se boit ; fluide comestible ; nourriture ; réconfort, plaisir | eau ; lait ; parole | la Terre | Dans la mythologie, Irā «dont on boit les paroles» est une épithète de Sarasvatī.

Kālidāsa कालिदास «Serviteur de Kālī», célèbre poète et auteur dramatique. La tradition dit qu'il était l'un des 9 joyaux [navaratna] de la cour du roi Vikramāditya à Ujjayinī. Orphelin, il aurait été élevé sans éducation par un bouvier, puis marié par tromperie à une princesse comme lettré, avant de recevoir l'intelligence au temple de Gaḍhakālikā (d'où son nom). Il est célébré comme le poète insurpassable.

> tvamevāham त्वमेवाहम्
>
> Tu n'es autre que moi-même (dit par Sarasvatī à Kālidāsa surpris qu'elle ait déclaré Daṇḍī le meilleur poète).

Kāvyapuruṣa काव्यपुरुष Selon le Kāvyamīmāṁsā, c'est la mythique incarnation de la poésie, fils de Sarasvatī, présenté comme l'un des 64 disciples de Śiva. Il reçut la science poétique de Prajāpati, que Rājaśekhara voulut exposer dans les 18 livres de la Kāvyamīmāṁsā, mais dont seul le premier parut en tant que Kavirahasya.

> alaṁkārarahitā vidhavaiva sarasvatī [Agni Purāṇa]
> अलंकाररहिता विधवैव सरस्वती [अग्नि पुराण]
>
> La poésie sans ornements
> est comme Sarasvatī rendue veuve.

Kuṭilā कुटिला «Serpentine», courbé, plié, arqué, épithète de la rivière Sarasvatī.

Kunda कुन्द Jasminum multiflorum, jasmin blanc, très parfumé. Il fleurit au printemps. En poésie, il évoque la blancheur des dents. | Dans la mythologie, Sarasvatī en porte une guirlande.

Kumbhakarṇa कुम्भकर्ण frère de Rāvaṇa (roi des démons) que Sarasvatī induit en erreur. Il demanda une faveur à Brahmā, et, à la demande de ce dernier, Sarasvatī se logea dans la langue de Kumbhakarṇa et lui fit demander Nidrāvatva (le sommeil), autre chose que ce qu'il désirait réellement, à savoir Nirdevatva (l'absence de Devas).

Go गो lait — vache | parole | védique : rayon du Soleil (ils forment le troupeau céleste) | la Terre (vache des rois) | les poils du corps humain | Dans la mythologie, Go «Parole» est une épithète de Sarasvatī, déesse de la parole sacrée, śakti (puissance) de Brahmā.

Jāpaka जापक brahmane qui, un jour, vénérait Devī Sāvitrī. Elle lui apparut et lui accorda des bienfaits. Alors que le brahmane était plongé dans une profonde méditation et prière, il ne vit pas Devī lorsqu'elle apparut. C'est grâce à cette piété que le brahmane reçut des bienfaits. (Mahābhārata Śānti Parva, chapitre 199).

Un jour, Devī Sāvitrī
fit l'éloge du don de riz en aumône.

(Mahābhārata Anuśāsana Parva, chapitre 57, verset 8).

Tārkṣya तार्क्ष्य ascète [muni] que conseilla Sarasvatī un jour (Vana Parva, chapitre 185). Tārkṣya est une divinité solaire à qui on attribue des hymnes du Ṛgveda. D'abord cheval (aussi appelé Ariṣṭanemi अरिष्टनेमि «dont la jante de roue est intacte»), il devint aussi oiseau, identifié plus tard à Garuḍa गरुड (oiseau mythique-monture de Viṣṇu et fils de Vinatā).

svasti na indro vṛddhaśravāḥ svasti ǀ
naḥ pūṣā viśvavedāḥ svasti ǀ
nastārkṣyo ariṣṭanemiḥ svasti ǀ
no bṛhaspatirdadhātu ǁ [Ṛgveda Saṁhitā]
स्वस्ति न इन्द्रो वृद्धश्रवाः स्वस्ति ।
नः पूषा विश्ववेदाः स्वस्ति ।
नस्तार्क्ष्यो अरिष्टनेमिः स्वस्ति ।
नो बृहस्पतिर्दधातु ॥ [ऋग्वेद संहिता]

Que Indra de haute renommée nous favorise,
que Pūṣā (Soleil nourricier) le très généreux nous favorise, que Tārkṣya dont la roue
(du char solaire) est inusable nous favorise,
que Bṛhaspati (Prêtre des dieux) nous favorise.

Tripura त्रिपुर «Triple ville», ensemble de trois cités construites par l'Asura Maya pour les démons : d'or dans le Ciel, d'argent dans l'atmosphère, et de fer sur Terre. Elle fut détruite par Śiva-Pinākī, qui acquit la moitié de la puissance de tous les dieux. Elle symbolise l'illusion du monde des apparences, détruite par la connaissance divine du yogin. Śiva utilisa l'arc magique Śaivacāpa. Il fit de Viṣṇu la flèche qui détruisit Tripura et ses démons. Brahmā conduisait son char. Lors du Tripuradahana (incendie de Tripura), Śiva plaça Sāvitrī comme bride de ses chevaux et suspendit Gāyatrī mantra comme une corde au sommet de son char. Sarasvatī, quant à elle, servit de passage au char.

Triveṇi त्रिवेणि triple confluence des rivières Gaṅgā et Yamunā avec la Sarasvatī souterraine.

Divyagaṅgā दिव्यगङ्गा ou **Saptanadī** सप्तनदी rivières célestes. Le Mahābhārata en liste 7 : Nalinī नलिनी, Pāvanī पावनी, Sarasvatī सरस्वती, Jambu जम्बु, Sītā सीता, Gaṅgā गङ्गा et Sindhu सिन्धु. (parfois on nomme aussi Yamunā यमुना, Narmadā नर्मदा, Kāverī कावेरी et Godāvarī गोदावरी).

Namuci नमुचि «Qui ne délivre pas» Selon le Mārkaṇḍeya Purāṇa, Namuci est un dānava (démon ondin, asura aquatique). Indra avait promis de ne l'attaquer ni de jour ni de nuit, ni avec du sec ni avec de l'humide. Profitant de l'ivresse d'Indra, il lui vola la moitié de sa force. Indra la regagna avec l'aide de Sarasvatī et des Aśvinau, et tua Namuci «en barattant sa tête avec de l'écume».

Nala नल «Roseau» Selon le Mahābhārata, Nala est un héros, roi des Niṣadhās, fils de Vīrasena. Beau, brave, et généreux, il tomba amoureux de la princesse Damayantī qui le choisit pour époux. Pour cela, elle dut déjouer avec l'aide de Sarasvatī la tromperie des dieux cardinaux, Indra, Agni, Yama et Varuṇa qui avaient tous pris l'apparence de Nala. Nala fut dépossédé de son royaume par la perfidie de son frère Puṣkara et par le démon du jeu Kali. Il abandonna Damayantī aux dangers de la forêt, mais ils seront heureusement réunis à la fin du récit.

Pāṭaliputra पाटलिपुत्र ville dans la vallée du Gange, fondée par Ajātaśatru et en lien avec Sarasvatī. Elle fut la capitale du Magadha, puis de l'empire Maurya.

> asti mahītalatilakaṁ sarasvatīkulagṛ haṁ mahānagaram |
> nāmnā pāṭaliputraṁ paribhūtapurandarasthānam ||
> [Kuṭṭanīmata]
> अस्ति महीतलतिलकं सरस्वतीकुलगृ हं महानगरम् ।
> नाम्ना पाटलिपुत्रं परिभूतपुरन्दरस्थानम् ॥ [कुट्टनीमत]
>
> Pāṭaliputra est une grande capitale,
> la plus belle de toute la Terre.
> Terre ancestrale de Sarasvatī,
> elle surpasse même la résidence d'Indra.

Plakṣa प्लक्ष Ficus infectoria, figuier indien | Le Plakṣa, est aussi l'un des 7 continents mythiques [dvīpa] — C'est aussi une épithète de la rivière Sarasvatī «issue du Plakṣa».

Plakṣaprasravaṇa प्लक्षप्रस्रवण «source du figuier», centre du continent Plakṣa, source mythique de la Sarasvatī.

Brahmanadī ब्रह्मनदी «Rivière de Brahmā», épithète de la Sarasvatī.

Brāhmī ब्राह्मी śakti de Brahmā, une saptamātṛkā. Elle est aussi Sarasvatī-Vāk, la Parole de Brahmā, et Medhāvinī la Savante | Selon l'Histoire, brāhmī est aussi l'écriture indienne antique indigène, ancêtre de la devanāgarī, évoluée de la kharoṣṭhī. Elle cessa d'être utilisée vers le 8ième siècle.

> brāhmīkṛ [Deṣpande]
> ब्राह्मीकृ [देष्पन्दे]
> «louer la parole de Brahmī/ā»,
> Mettre la langue au standard du bassin du Gange.

Muni Yājñavalkya मनि याज्ञवल्क्य ascète qui pensa un jour à Sarasvatī et elle apparut devant lui, ornée de voyelles et de consonnes, en prononçant « Oṁ ओं ॐ». (Śānti Parva, chapitre 318, verset 14).

Menā मेना fille du Mont Meru, épouse de Himavān. Selon le Rāmāyaṇa, elle est mère de Gaṅgā et Umā-Pārvatī. Ou, selon le Vāmanapurāṇa, elle est la mère des rivières Rāgiṇī, Kuṭilā-Sarasvatī, Kālī, et Sunābha.

Vasantapañcamī वसन्तपञ्चमी festival en l'honneur de Sarasvatī, le 5ième jour de la quinzaine claire du mois māgha. On y honore les livres et instruments d'écriture. Cette fête est aussi appelée Śrīpañcamī.

Vāgīśvarī वागीश्वरी épithète de Sarasvatī «l'Éloquente».

Vāṅmayī वाङ्मयी «Faite de parole», épithète de Sarasvatī.

Vāc वाच् ou **Vāk** वाक् voix, parole, son ; verbe, langage, discours ; parole sainte | En philosophie Sāṁkhya, Vac est la faculté de parole, dont le régent est Agni, dieu du feu. Son élément prédominant est ākāśa l'éther. La perception associée est le son qui active le sens de l'ouïe. | Vāk, la Parole personnifiée, est une épithète de Sarasvatī. Elle est l'épouse de Prajāpati, et représente son pouvoir de création.

Vāṇī वाणी «Parole», éloquence, son, musique, épithète de Sarasvatī.

Vīṇā वीणा Instrument de musique joué par Sarasvatī. Sorte de luth en bois de jacquier, à 2 caisses et 7 cordes (4 dessus pour la mélodie, 3 sur les côtés pour le rythme). On en joue à plat, posé sur les genoux, jambes en tailleur. On trouve les variantes rudravīṇā (Inde du Nord), sarasvatīvīṇā (Inde du Sud).

Vinaśana विनशन endroit où la Sarasvatī disparaît dans les sables du désert du Thar.

Śābdhī शाब्धी «Signifiante», oral, verbal ; reposant sur l'autorité du Veda, épithète de Sarasvatī.

Śāradā शारदा sorte de luth ; incarnation de Sarasvatī, personnifiant la connaissance et la joie ; on la représente portant la vīṇā. On la célèbre au festival de navarātra. Elle est vénérée notamment à Śṛṅgerī. Dans son sanctuaire Śāradāsthāna du Kaśmīra, elle avait une statue-idole miraculeuse.

Śāradāmbā शारदाम्बा la Déesse Śāradā-Sarasvatī.

Śaiśava शैशव puéril, enfantin — enfance (avant 16 ans) | Selon le Śatapatha Brāhmaṇa, c'est la fontaine de jouvence de la Sarasvatī, où les médecins célestes Aśvinau rendirent sa jeunesse au ṛṣi Cyavana.

Sarasvatīvandanam सरस्वतीवन्दनम् Hommage à Sarasvatī, prononcé lors des cérémonies d'inauguration de lieux de savoir ou d'éducation.

Sārasvatī सारस्वती relatif à Sarasvān, à Sarasvatī, ou à la rivière Sarasvatī | éloquent ; instruit — bâton de bois de bilva | inspiration poétique, créativité littéraire | Au pluriel, du pays des Sārasvatās. Les sārasvatās sont un peuple qui vivait sur les bords de la rivière Sarasvatī. | C'est sur les rives de la Sarasvatī que Vyāsa exécuta des tapas et que Śuka naquit. (Devī Bhāgavata, Skandha 1). On raconte aussi que de la passion de la luxure de Brahmā naquit une fille nommée Sarasvatī et Brahmā l'épousa.

Suṣumṇā सुषुम्णा «Bonne prière», représentation de Sarasvatī dans le microcosme. En philosophie yoga, c'est la voie psychique centrale.

Vararuci वररुचि Selon le Kathāsaritsāgara, Vararuci est un brahmane qui avait le don de se rappeler de tout texte entendu une fois. Il invoqua la Déesse Sarasvatī pour raconter une histoire et libérer le prince Hiraṇyagupta de sa malédiction. En effet, Hiraṇyagupta «qui cache son or» partit un jour à la chasse et s'endormit dans un arbre. Il fut rejoint par un ours poursuivi par un lion. Le lion demanda à l'ours de le lui jeter l'homme. L'ours refusa, disant qu'il était son ami. Puis le lion demanda au prince de lui jeter l'ours, ce qu'il voulut faire, mais l'ours le maudit de devenir idiot jusqu'au jour où l'histoire de sa trahison serait connue.

Sāvitrī सावित्री relatif au Soleil ; descendant du Soleil (désigne divers êtres célestes). Dans la mythologie Sāvitrī est l'Incitatrice, épouse de Savitā. Elle est la muse personnifiant l'inspiration et l'intuition.
Sāvitrī est la divinité souveraine du mantra Gāyatrī. Cette déesse Sāvitrī s'éleva du feu sacrificiel du roi Aśvapati et elle lui accorda une faveur : une fille nommée Sāvitrī naquit du roi. Cette princesse était Sāvitrī, l'épouse de Satyavān «Sincère», qu'elle sauva de la mort. (Mahābhārata Vana Parva, chapitre 290).

Sāvitrī est aussi l'un des hymnes les plus sacrés du Ṛgveda, louant Savitā. Le Ṛgveda fait aussi référence à Sarasvatī à plusieurs reprises. Sāvitrī brille dans le palais de Brahmā. (Mahābhārata Sabhā Parva, chapitre 11, verset 34).

sāvitrīmātrasāro'pi varaṁ vipraḥ suyantritaḥ I
nāyantritas trivedo'pi sarvāśī sarvavikrayī II [Manu Smṛti]
सावित्रीमात्रसारोऽपि वरं विप्रः सुयन्त्रितः ।
नायन्त्रितस् त्रिवेदोऽपि सर्वाशी सर्वविक्रयी ॥ [मनु स्मृति]

Un brahmane se maîtrisant correctement,
même s'il ne connaît que la Sāvitrī,
vaut mieux qu'un brahmane qui ne se contrôle pas,
sut-il même les trois Vedas,
en mangeant de tout et en faisant trafic de tout.

Savitā सविता c'est le radieux [āditya] du Soleil levant. Savitā est un dieu créateur «l'Incitateur» aux mains d'or ; il symbolise le pouvoir magique du Verbe identifié au pouvoir procréateur du Soleil [Sūrya]. En astronomie, il préside le nakṣatra Hasta (constellation du Corbeau). Savitā est célébré dans l'hymne de la Gāyatrī.

Saṁdhyāvandana संध्यावन्दन rite du matin (avant que le disque du soleil ne soit levé) et du soir (après que la moitié du disque solaire ait disparu à l'horizon, et avant que les étoiles ne soient visibles). Il s'effectue après le bain rituel, assis le soir en direction du Nord-Ouest, et debout le matin tourné vers l'Est. Il comprend la purification de la bouche, la régulation du souffle, l'aspersion en disant les mantras, l'absolution des péchés, l'accueil rituel du Soleil, et la récitation de la Sāvitrī précédée de l'Oṁ ॐ et de l'exclamation rituelle.

On peut aussi célébrer Mitra le matin et Varuṇa le soir. Un troisième rite se pratique à midi, quand le Soleil est au zénith.

Ces trois rites [trikāla] font partie des obligations d'un brahmane [nityakarman].

Oṁ gururbrahmā gururviṣṇuḥ gururdevo maheśvaraḥ ।
gurussākṣāt paraṁ brahmā tasmai śrīgurave namaḥ ॥
[Śrīgurustotra]
ॐ गुरुर्ब्रह्मा गुरुर्विष्णुः गुरुर्देवो महेश्वरः ।
गुरुस्साक्षात् परं ब्रह्मा तस्मै श्रीगुरवे नमः ॥ [श्रीगुरुस्तोत्र]

Le Maître est Brahmā, le Maître est Viṣṇu, le Divin Maître est Śiva ; en vérité le Maître est Dieu : révérons le Maître.

Lexique de Brahmā

Ce lexique est classé selon l'ordre alphabétique sanskrit :

a ā i ī u ū ṛ e ai o au
k kh **g** gh ṅ **c** ch **j** jh ñ ṭ ṭh ḍ ḍh ṇ **t** th **d** dh **n**
p ph **b** bh **m** **y r l v** ś ṣ **s** **h**

Atikāya अतिकाय «au Corps immense» est un ogre [rākṣasa], fils de Rāvaṇa et Mandodarī. Il obtint 3 vœux de Brahmā à la suite d'une grande ascèse : l'arme brahmāstra, une cuirasse de diamants merveilleuse et le pouvoir de n'être dérangé par aucun désir importun. De taille gigantesque, il conduisait un char de mille chevaux. Il fut tué en combat singulier par Lakṣmaṇa.

Atri अत्रि «Dévoreur» est un sage, fils de l'esprit de Brahmā [mānasaputra]. Il est patriarche [saptarṣi] et géniteur [prajāpati]. Son épouse est Anasūyā. Faisant de dures pénitences, les larmes lui vinrent aux yeux, dont l'éclat remplit l'univers et donna naissance à Candra, incarnation de Brahmā. Il est associé à l'étoile Megrez de la Grande Ourse. Anasūyā obtint que la Trimūrti se réincarnât comme ses enfants Candra, Dattātreya et Durvāsā. Dans le Ṛgveda, il est père d'Apālā. Dans le Rāmāyaṇa, on le dit aussi père de Bharadvāja.

Andhaka अन्धक «Aveugle» est un asura, né d'une goutte de sueur de Śiva quand Pārvatī lui couvrit les yeux avec les mains. Il fut élevé par Hiraṇyākṣa, et fut couronné roi des démons [asura]. Il fit de grandes pénitences, en jeûnant debout sur une jambe pendant 1000 ans. Il implora Brahmā de recouvrer la vue et de ne pouvoir être tué ni par un homme, ni par un démon, ni par un dieu, même Viṣṇu lui-même. De plus toute goutte de son sang versé le recréerait. Brahmā lui accorda ce vœu, pourvu qu'il énonçât les circonstances de sa propre mort. Il choisit de mourir s'il tombait amoureux de sa mère…

Apauruṣeya अपौरुषेय de nature non humaine, non créé par l'homme. En philosophie, il se dit du Veda, révélé par Brahmā.

Aṣṭavivāha अष्टविवाह ce sont les 8 modes de mariage :
*le mariage «à la Brahmā» entre deux personnes de même classe, avec dot de la fille, et en suivant les rites védiques,
* le mariage «à la deva» où le père donne sa fille en mariage à un prêtre en paiement de ses services,
* le mariage «à la ṛṣi» où la dot est fixée à un forfait d'une vache et un taureau,
* le mariage «à la Prajāpati» sans dot,
* le mariage d'amour «à la gandharva» par consentement mutuel des époux (souvent clandestin),
* le mariage par vente «comme un asura»,
* le mariage par rapt «à la rākṣasa»,
* le mariage indigne «à la piśāca».

Ātmā आत्मा souffle | principe de vie ; âme ; esprit, intelligence ; soi ; self | essence, caractère, nature ; particularité ; corps | Dans la philosophie [Vedānta], Ātmā est «le Soi» ou Âme universelle, essence immuable de l'Être, forme microcosmique du brahman. | Dans la philosophie Vaiśeṣika, c'est l'Âme, l'une des 9 substances. En français, Ātmā a donné le mot âme, atmosphère.

Indrajit इन्द्रजित् «celui qui a vaincu Indra», nom que donna Brahmā à Meghanāda, le fils de Rāvaṇa, parce qu'il avait vaincu Indra, l'aîné des dieux. (Uttara Rāmāyaṇa).

Indravirocanau इन्द्रविरोचनौ est le duo Indra[*] et Virocana[**] Selon la mythologie contée dans le Chāndogya Upaniṣad, Indravirocanau sont partis comme étudiants à l'ermitage de Brahmā pour y comprendre l'Ātmā.

(*) Indra est l'aîné des dieux.

(**) Virocana «l'Éclatant» est un démon [daitya] fils de Prahlāda et père de Bali. Il dut s'incliner devant son rival Sudhanvā pour les faveurs d'une belle. En effet, dans l'épopée du Mahābhārata, Sudhanvā «Habile à l'arc», fils d'Aṅgirā, s'éprit de la même femme que Virocana. Ils demandèrent alors à Prahlāda de les arbitrer. Sudhanvā, craignant que celui-ci ne favorise son fils, lui rappela la terrible punition pour un menteur (Indra leur éclate le crâne). Après consultation du sage Kaśyapa, Prahlāda déclara que Sudhanvā était de plus noble origine et avait ainsi préséance sur Virocana.

ābrahmabhuvanāt आब्रह्मभुवनात्

indéclinable : jusqu'au monde de Brahmā.

Iṣṭikṛta इष्टिकृत nom du sacrifice que Brahmā accomplit à Kurukṣetra. Ce sacrifice a pris mille ans pour être achevé. (Mahābhārata, Vana Parva, chapitre 120, strophe 1).

Upanayana उपनयन initiation religieuse ; investiture du cordon sacré, un saṁskāra des 3 premières castes [varṇa]. Cette cérémonie confère au garçon la dignité de dvija. Pour un brahmane, le rite doit être célébré dans la huitième année suivant sa conception.

Ūruja ऊरुज Dans la mythologie védique Ūruja, né de la cuisse droite de Brahmā, est le premier vaiśya «homme du peuple» (3ème classe védique).

Oṁ ॐ syllabe sacrée Oṁ considérée comme symbolisant la trinité de Brahmā, Viṣṇu et Śiva. C'est le oui solennel, dans le rituel. Prononcé avant un mantra, il exprime que le récitant en connaît le sens. Oṁ est la manifestation primordiale du Verbe, origine du pouvoir divin [Śakti]. En philosophie Vedānta, le son «a» correspond à l'état de veille, le son «u» au rêve, le «ṁ» au sommeil profond, et le silence qui suit au 4ième état de libération.
Un jour, Brahmā donna aux Devas, aux Ṛṣis (ermites) et aux Nāgas (serpents) l'ekākṣaramantra एकाक्षरमन्त्र (le mantra monosyllabique) «Oṁ ॐ». (Mahābhārata, Aśvamedha Parva, chapitre 26, strophe 8).

Oṁ itīdaṁ sarvam [Taittirīya Upaniṣad]
ॐ इतीदं सर्वम् [तैत्तिरीय उपनिषद्]

Tout ce monde n'est qu'Oṁ.

Kapālamocana कपालमोचन est un site sacré, situé à un coude du Gange à Kāśī. C'est à cet endroit que Śiva-Kāpālika fut libéré de sa malédiction et jeta la 5ième tête de Brahmā. Le temple Oṁkāra y est situé.

Kapāleśvara कपालेश्वर est un temple situé à l'actuelle Mylapore. Dans la mythologie, son liṅga y fut établi par Brahmā pour se repentir après que Śiva lui ait coupé sa 5ième tête. Le temple d'origine fut construit par les Pallavās au 7ième siècle.

Kaṁja कंज

«né des eaux»
Lotus, épithète de Brahmā

Kardama कर्दम est un prajāpati. C'est un aspect de Viṣṇu apparu au manvantara de Svāyambhuva. Il est issu de l'ombre de Brahmā. Avec son épouse Devahūti, il voyageait dans un palais volant. Ils eurent 9 filles et un fils, le ṛṣi Kapila कपिल, qui leur enseigna la libération [vairāgya] par la dévotion [bhakti]. Le texte Bhāgavata Purāṇa contient un dialogue entre Manu et Kardama.

Kaśyapa कश्यप «tortue» est le premier des saptarṣi dans la mythologie. Dans le Mahābhārata, il est fils du brahmarṣi Marīci. Kaśyapa est un géniteur universel prolifique. Il incarne la puissance divine de procréation. Il épousa 13 des filles de Dakṣa. Il est père :

* des **dieux** [Deva] et de **Vāmana**, par son épouse Aditi (Vāmana est le 5ième avatāra de Viṣṇu)

* des **démons** [Daitya], par son épouse Diti,

* des **ondins** [Dānava], par son épouse Danu,

* d'**Aruṇa** et de **Garuḍa**, par son épouse Vinatā (Aruṇa est le demi-dieu personnifiant l'Aurore et cocher du char du Soleil Sūrya. Garuḍa «(Soleil) qui dévore» est l'aigle mythique-monture de Viṣṇu, destructeur de serpents dont il est affamé et père de Vālmīki et de Dīpaka),

* des **dragons** [Nāga], par son épouse Kadrū,

* des **vents** [Rudra] et de **Rohiṇī**, par son épouse Surabhī («la (Vache) Rouge», est la mère de la vache d'abondance Kāmadhuk et du bétail)

* des génies **centaures** [Gandharva] et **gnomes** [Yakṣa], par son épouse Munī,

* des **animaux sauvages**, par son épouse Krodhā.

Selon le texte Harivaṁśa, Kaśyapa est le guru de Varuṇa, le dieu des liens et des eaux. Kaśyapa lui vola les vaches de son sacrifice pour les donner à Surabhī et Aditi. Varuṇa s'en étant plaint à Brahmā, celui-ci proposa à Viṣṇu-Nārāyaṇa, qu'en punition, Kaśyapa devrait descendre sur Terre comme le vacher Vasudeva, pour épouser Aditi incarnée en Devakī (ils deviendront les parents de Kṛṣṇa).

Kubera कुबेर «Difforme» petit-fils et dévot de Brahmā, Kubera est issu du géniteur [prajāpati] Pulastya et de la Parole [Go]. Kubera est le régent des océans et des rivières. Il fit de sévères pénitences pour obtenir de Brahmā d'être un protecteur de l'univers [lokapāla], et d'obtenir le titre de Roi des rois [Rājarāja]. Il est le gardien [dikpāla] de la direction du Nord. Kubera est le dieu de la richesse, gardien des neuf trésors [navanidhi]. La mangouste [nakula] lui apporte des trésors et contrôle les richesses des dragons-serpents [nāga]. Sa monture est une mangouste, un cheval ou un homme [naravāhana]. Kubera est le chef des génies yakṣā et des esprits cachés guhyakā. Les presqu'hommes kinnarā et les chimères kimpuruṣā sont ses serviteurs. Sont aussi à ses ordres les nymphes apsara et les centaures gandharva.

Khāṇḍava खाण्डव «forêt de Sucre», bois sacré symbolisant le désir de jouir du monde des dualités. Le trop pieux roi Śvetaki épuisait ses prêtres en demandant des sacrifices incessants. Sur l'ordre de Śiva-Śaṅkara, Durvāsā effectua pour lui un grand sacrifice de 12 ans, provoquant une indigestion du dieu de Feu Agni. Brahmā ordonna à Agni de s'en guérir en brûlant la forêt Khāṇḍava.

Kratu क्रतु «Intellect» est un géniteur [prajāpati], issu de la pensée de Brahmā, personnifiant l'Intelligence, quelque fois listé comme un saptarṣi. Il a pour épouses Kriyā «Activité» et Santati «Continuité». Kratu est le père des 60000 Vālakhilyās. Les Vālakhilyās sont des Sages [ṛṣi] de très petite taille qui entourent le char du Soleil.

Gayāsura गयासुर géant sur la tête duquel Brahmā accomplit un sacrifice.

> **Gāṇḍīva** गाण्डीव
>
> nom de l'arc que Brahmā
> (Mahābhārata, Ādi Parva, chapitre 224, strophe 19).

Citragupta चित्रगुप्त «aux nombreux secrets» est le comptable des actions des hommes [karman] au tribunal de Yama, le dieu de la mort. Né du corps de Brahmā, il est père de Bhaṭiṭika et le patron des scribes [kāyastha]. Très méticuleux, il garde trace de chaque action des êtres, pour leur examen le jour de leur jugement.

> katham mṛtyuḥ prabhavati vedaśāstravidām [Manu]
> कथम् मृत्युः प्रभवति वेदशास्त्रविदाम् [मनु]
>
> Comment la mort pourrait-elle l'emporter
> sur ceux qui connaissent le Veda et les traités ?

Citrasena चित्रसेन est un roi gandharva (centaure) «à l'arme merveilleuse». Il incarne Brahmā puni par une malédiction. Sandhyā et Ratnāvalī sont ses épouses. Dans le Mahābhārata, quand Arjuna monta au ciel à la suite de ses pénitences, il étudia le chant et la danse avec lui, et devint son ami. Arjuna le sauva d'une malédiction de Kṛṣṇa, son crachat étant tombé sur l'ascète Gālava effectuant son rite de sandhyā (crépuscule).

Cintāmaṇi चिन्तामणि «Miroir des pensées», est un joyau fabuleux qui exauce tous les vœux de son possesseur et qui change d'aspect suivant les pensées de son possesseur. Il appartient à Brahmā.

> **Jagatpati** जगत्पति «Maître du Monde»
>
> épithète Brahmā, Śiva, Viṣṇu, Sūrya et Agni.

Tejoliṅga तेजोलिङ्ग «Colonne de feu». Il y a bien longtemps, Brahmā et Viṣṇu allèrent voir Śiva près de Himavān. Ils virent un tejoliṅga immense devant eux. L'un d'eux descendit et l'autre monta pour en découvrir l'extrémité. Tous deux revinrent sans atteindre le sommet ni le bas et, par pénitence, ils firent plaisir à Śiva qui apparut devant eux et leur demanda quel bienfait ils désiraient. Brahmā demanda à Śiva de prendre naissance comme son fils. Śiva n'apprécia pas cela et dit que personne n'adorerait Brahmā à cause de son désir extravagant (avoir Śiva comme fils). Viṣṇu demanda qu'il soit fait serviteur aux pieds de Śiva. Ainsi, Śiva s'incarna en tant que Śakti (puissance) de Śiva. Cette Śakti est Pārvatī पार्वती. Ainsi, Viṣṇu et Pārvatī sont une seule et même personne dans un sens. (Kathāsaritsāgara, Kathāpīṭhalambakaṁ, Taraṅga 1).

Dakṣa दक्ष «Expert (en rituel)», dieu du sacrifice, Dakṣa est un radieux [āditya]. Il est née du pouce droit de Brahmā et de son pouce gauche est née l'épouse de Dakṣa. (Mahābhārata, Ādi parva, chapitre 66, strophe 10). Chef des géniteurs [prajāpati], il personnifie le rituel et la magie efficace. Il est à la fois père et fils d'Aditi, et père de Diti. Il est père par Asiknī de Satī, l'épouse de Śiva. Brahmā apaisa Śiva qui s'était mis en colère, lors du sacrifice de Dakṣa. (Mahābhārata, Śānti parva, chapitre 283, strophe 45).

Deva देव brillant, divin — dieu, «être de lumière» | En philosophie, c'est la personnification d'une manifestation de la puissance divine ; aspect du transcendant | Au pluriel, Devās, les dieux ; la tradition en donne une liste conventionnelle de 33 [trayastriṁśa]. Un jour, Brahmā a demandé aux Devas de prendre naissance sous la forme de singes. (Mahābhārata, Vana parva, chapitre 376, strophe 6). Un autre jour, Brahmā a donné la terre aux Devas en guise de cadeau pour qu'ils accomplissent un sacrifice. (Mahābhārata, Anuśāsana Parva, chapitre 66). Une autre fois encore, les Devas se sont mis en colère parce que Brahmā a soulevé la terre en lui donnant la forme d'un porc. Mais Brahmā les a apaisés. (Mahābhārata, Vana Parva, chapitre 142, strophe 45). Enfin, Brahmā emmena les Devas en présence de Śiva parce qu'ils s'étaient enfuis par crainte de Vṛttrāsura. (Mahābhārata, Droṇa Parva, chapitre 94, strophe 53).

Dharma धर्म loi, ordre naturel | devoir ; vertu ; droiture, rectitude ; justice ; éthique | philosophie : mérite acquis par un acte conforme à la parole révélée [śruti] | le devoir de sa caste, un des buts de l'existence [puruṣārtha] ; le dharma est la morale traditionnelle de l'Inde ; elle est codifiée dans les lois du dharmaśāstra | mythologie : du Sage [Ṛṣi] Dharma «le Juste» personnifiant la justice et l'ordre naturel ; on le dit issu du mamelon droit de Brahmā (Mahābhārata, Ādi Parva, chapitre 66, strophe 3). Selon le Bhāgavata Purāṇa, il épousa 13 filles de Dakṣa. On le dit aussi époux d'Ahiṁsā «Bienveillance».

Dhātā धाता «le Façonneur» ou «Ordonnateur», démiurge de la création, fils de Bhṛgu par Kyāti, associé à Prajāpati-Brahmā. Niyati est son épouse. Selon le Mahābhārata, le ṛṣi Uttaṅka eut la vision de la Roue du Temps roulant dans une caverne où Dhātā et son frère Vidhātā se tenaient sous la forme de deux vieilles femmes tissant les destinées du Monde.

Nāṭyaveda नाट्यवेद Selon le Nāṭyaśāstra, à la fin du kṛtayuga, quand Vaivasvata préparait le tretāyuga, Indra, menant les dieux entrant au Jambudvīpa, demanda à Brahmā de proférer un 5ième Veda qu'il soit permis d'entendre par toutes les castes pour leur délassement. Brahmā prit les mots du Ṛgveda, les chants du Sāmaveda, les rites du Yajurveda et la magie de l'Atharvaveda pour composer le Nāṭyaveda «Savoir du mime et de la danse», qu'il enseigna à Bharatamuni.

Nābhijanman नाभिजन्मन्

«issu du nombril (de Viṣṇu)», épithète de Brahmā.

Nārada नारद «Qui divise les hommes», Sage [ṛṣi] et géniteur [prajāpati]. Il est fils de Brahmā. Sur son refus de procréer, son père le condamna à vivre une vie dissolue de 100 000 ans comme centaure-gandharva avant que de renaître comme fils d'une servante. Adolescent d'une grande beauté, parfait adorateur du Divin, maître du yoga, il est messager des dieux, musicien céleste et patron des bardes. Il inventa la vīṇā. C'est un oracle, qui informe les hommes de leur destinée.

Il informa notamment Kaṁsa qu'il serait tué par un fils de sa cousine Devakī. Sa malédiction de Sāmba provoqua la mort de Kṛṣṇa et l'extinction des yādavās. Il est bavard, et provoque des querelles par ses indiscrétions. Il est dit friand de querelles ou même amateur de combats. On lui attribue la leçon ésotérique Nāradaparivrājakā, le Nāradapurāṇa, et d'autres ouvrages.

Selon le Bhāgavata Purāṇa, il fut curieux de savoir comment Kṛṣṇa pouvait satisfaire ses 1008 épouses et il leur rendit visite à toutes. Chez chacune d'elles, il trouva Kṛṣṇa. — Nāradī est Nārada transformé en femme par Viṣṇu pour s'être vanté de son célibat. Elle rendit amoureux un roi qui l'épousa et lui fit soixante fils qui nomment les années d'un cycle de vie [saṁvatsara].

nāradāya rocate kalahaḥ
नारदाय रोचते कलहः

La querelle plaît à Nārada.

Padmagarbha पद्मगर्भ

calice du lotus

épithète de Brahmā et de Viṣṇu.

Parārdha परार्ध nombre de jours terrestres équivalent à 50 ans de jours de Brahmā | l'incommensurable (en poésie) | Dans la philosophie Vaiśeṣika, c'est le nombre maximum — En mathématiques, c'est cent millions de milliards).

Paśupati पशुपति «Maître des âmes», un épithète de Śiva, personnification du sacrifice rituel. Chargé par les dieux d'arrêter l'inceste primordial commis par Brahmā, Śiva lui coupa sa cinquième tête avec l'arme céleste Pāśupata, aussi appelée brahmaśiras.

Pulastya पुलस्त्य sage [ṛṣi] géniteur [prajāpati], né de l'esprit de Brahmā (Mahābhārata, Vana Parva, chapitre 274, strophe 11). C'est l'un des sept sages [saptarṣi]. Selon le Rāmopākhyāna, Pulastya est le père de Kubera (dieu des richesses) par Go-Sarasvatī. Mais, fâché que celui-ci honore son grand-père, il se recréa [dvija] sous la forme de Viśravā, enfanté de Māninī pour lui servir d'écran et que Kubera soit Vaiśravaṇa «Descendant de Viśravā».

Pulaha पुलह géniteur [prajāpati], né de l'esprit de Brahmā.

Pūṣā पूषा «le Nourricier» radieux [āditya] patron des troupeaux. Personnifiant le Soleil nourricier, il apporte l'abondance. Il est Iḍaspati, le maître des libations. Comme maître des chemins, il protège le voyageur. Il garde les portes et mène la fiancée à l'époux. Avec son aiguillon d'or, il peut réveiller Brahmā. Śiva lui ayant brisé les dents lors du sacrifice de Dakṣa, il se nourrit de gruau d'orge. En astronomie, il préside le nakṣatra Revatī (ζ des Poissons).

Prajāpati प्रजापति «le Seigneur des créatures», démiurge et épithète de la moitié mâle Virāṭ de Brahmā le Créateur. En astronomie, il préside l'étoile nakṣatra de Rohiṇī (Aldébaran). Il commit l'inceste primordial avec sa fille Uṣā sous la forme d'un daim [mṛga], et fut épinglé au ciel comme Mṛgaśiras par Rudra. En philosophie Sāṁkhya, il est le régent de la faculté de reproduction. On l'invoque parfois comme Ka «Lui». Il personnifie l'an 5 d'un cycle de vie [saṁvatsara]. Selon le Śiva Purāṇa, il créa l'Univers en proférant Oṁ bhūrbhuvaḥ svaḥ (voir page 193) | Dans une autre philosophie, Prajāpati est aussi le Cosmos [Puruṣa] démembré en 5 directions de l'espace [diś] | Enfin, dans la mythologie, c'est un démiurge en général, et notamment l'un des 10 géniteurs, esprits issus de Brahmā (ou créés par Manu-Svāyaṁbhuva) pour peupler le monde. La liste traditionnelle des géniteurs comprend les 7 patriaches [saptarṣi] : Marīci, Atri, Aṅgirā, Pulastya, Pulaha, Kratu, Vasiṣṭha, auxquels on ajoute : Dakṣa, Bhṛgu et Nārada. On inclut aussi parfois Gautama, Bharadvāja, Viśvāmitra, Jamadagni, Kaśyapa, Tvaṣṭā, et aussi Kardama.

Pralaya प्रलय dissolution, destruction, anéantissement | En philosophie Sāṁkhya, c'est la fin d'un kalpa, la destruction du monde faisant place à la nuit de Brahmā.

Mahāpralaya महाप्रलय ou **Brahmapralaya** ब्रह्मप्रलय dissolution de l'Univers dans sa nature originelle [prakṛti] à l'extinction de Brahmā [brahmapralaya] (à la fin d'un mahākalpa, tous les 100 ans brahmiques, c'est-à-dire 311000 milliards d'années).

Yuga युग âge du monde ; division d'un mahāyuga ; il y a 4 yugas : kṛtayuga (ou satyayuga), tretāyuga, dvāparayuga, et kaliyuga, de durées respectives 4,3, 2, et 1.

Yugādi युगादि commencement d'un yuga. Selon le Brahma Purāṇa, Brahmā y recrée le Monde après un mahāpralaya.

Bhūri भूरि «abondant»

épithète de Brahmā, Viṣṇu, Śiva et Indra.

Bhṛgu भृगु «Crépitant» est un maharṣi, géniteur [prajāpati], né de la poitrine de Brahmā, ou bien né d'Agni au cours d'un brahmayajña dirigé par Varuṇa. Il est écrit que c'est lors du sacrifice de Varuṇa, que Brahmā engendra Bhṛgu l'ermite du feu sacrificiel. (Mahābhārata, chapitre 5, strophe 8). Il est aussi dit que l'ermite Bhṛgu a brisé le cœur de Brahmā et s'est incarné à partir de là. (Mahābhārata, Ādi Parva, chapitre 66, strophe 41).

Bhṛgu fut élevé par Varuṇa et Carṣaṇī. Son épouse était la belle et vertueuse Pulomā. Il est père de Cyavana et de Śukra. Śukra fait tourner tous les mondes sur les instructions de Brahmā. (Mahābhārata, Ādi Parva, chapitre 66, strophe 42).

Selon le Śatapatha Brāhmaṇa, comme Bhṛgu s'estimait supérieur en connaissances à son géniteur Varuṇa, celui-ci l'envoya dans l'au-delà voir les supplices des damnés. Il y vit un homme coupant un autre avec sa hache, un homme mangeant un homme qui criait et un homme mangeant un homme silencieux. Son père lui apprit qu'ils étaient respectivement l'esprit d'un arbre, celui d'un animal, et celui d'une plante, se vengeant sur leur bourreau de ce qu'il leur avait fait subir en ce monde.

Selon le Padma Purāṇa, les sages [ṛṣi], ne pouvant décider quel dieu était le plus digne de vénération par les brahmanes, demandèrent à Bhṛgu d'arbitrer :

Ne pouvant accéder à Śiva occupé maritalement, Bhṛgu le condamna à être adoré sous la forme du liṅga. Méprisé par Brahmā, imbu de sa grandeur, il le condamna à ne pas être l'objet d'un culte. Enfin, il frappa du pied la poitrine de Viṣṇu endormi pour le réveiller. Celui-ci le traita néanmoins avec respect, gagnant ainsi son suffrage. Bhṛgu avait un 3ième œil sous son pied qui signifiait son ego orgueilleux. Viṣṇu le détruisit et lui montra la vanité de sa prétention à juger la Trimūrti.

Marīci मरीचि rai de lumière (solaire ou lunaire) — Marīci est le 1er géniteur [prajāpati], issu de l'esprit de Brahmā [vaidhātra]. C'est un parangon de vertu. Marīci «Éclat de lumière» est aussi un nom d'Uṣā, l'Aurore. La création naquit de ses amours incestueuses avec son père Brahmā-Prajāpati. On la représente parfois comme une truie avec 7 porcelets représentant les 7 jours de la semaine.

Mahājana महाजन homme éminent, grand homme | Selon le Viṣṇu Purāna, les douze Éminents sont Brahmā, Nārada, Śiva, Kumāra, Kapila, Manu, Prahlāda, Janaka, Bhīṣma, Bali, Śuka et Yama. Tous sont purs dévôts de Nārāyaṇa.

Yūpa यूप poteau auquel sont attachés les animaux sacrificiels. Brahmā avait érigé un yūpa près de Brahma-saras à Dharmāraṇya. (Mahābhārata, Vana Parva, chapitre 34, strophe 86).

Rāvaṇa रावण «Hurleur» petit-fils brahmane de Brahmā (Mahābhārata, Vana Parva, chapitre 274, strophe 11). Selon le Rāmāyana, Rāvaṇa est un fils de Viśravā et de Keśinī, qui devint roi-vampire [rākṣasa] de Laṅkā et chef du Rakṣas. Par ses pénitences [tapas], il obtint de Brahmā la faveur qu'aucune créature vivante, à l'exception de l'homme, ne le tuerait. (Vālmīki Rāmāyaṇa, Bāla Kāṇḍa, Sarga 16). Il obtint également de ne pouvoir être tué ni par les dieux [deva], ni par les génies-centaure [gandharva], ni par les trolls [yakṣa], ni par les ogres [rākṣasa]. Brahmā lui donna 10 têtes [Daśāsya] pour gouverner les 10 directions. Il devint un tyran impie, et voulut dominer l'Univers...

Lalāṭe ललाटे «sur le front» ; conformément à son destin. (que l'on dit inscrit sur le front par Brahmā au 6ème jour après sa naissance).

Vālmīki वाल्मीकि «Pénitent de la fourmilière», sage [Ṛṣi] qui médita si longtemps que son corps fut couvert de fourmis. On le dit fils de Garuḍa. C'est Brahmā ब्रह्मा qui inspira à Vālmīki वाल्मीकि la composition du Rāmāyaṇa रामायण :
Un oiseleur de la tribu de la forêt abattit l'un des deux hérons qui faisaient l'amour sur les rives de la rivière Tamasā. Voyant cela, Vālmīki maudit l'oiseleur. La malédiction sortit de la bouche de Vālmīki sous la forme d'un vers qui, selon les rumeurs, serait le premier morceau de poésie au monde :

mā niṣāda pratiṣṭhāṁ tvam agamaḥ śāśvatīḥ samāḥ ।
yat krauñcamithunād ekam avadhīḥ
kāmamohitam ॥[Rāmāyaṇa]
मा निषाद प्रतिष्ठां त्वम् अगमः शाश्वतीः समाः ।
यत् क्रौञ्चमिथुनाद् एकम् अवधीः काममोहितम् ॥ [रामायण]
Fi, Niṣāda, tu n'auras de repos de toute éternité,
toi qui as tué l'un de ces deux hérons,
alors qu'ils étaient égarés par leur passion amoureuse.

Brahmā, attiré par la poésie, se rendit à l'ermitage de Vālmīki et l'incita à composer l'histoire de Rāma en vers. Il est dit dans Vālmīki Rāmāyaṇa, Bālakāṇḍa, Sarga 2, que l'épopée du Rāmāyana a été composée ainsi.

Vasiṣṭha वसिष्ठ [superlatif de vasu «trésor»] le plus riche ; le plus éminent. Vasiṣṭha est le saptarṣi à qui l'on attribue des hymnes du Ṛgveda. Il est un brahmarṣi d'une grande pureté, né du souffle [prāṇa] de Brahmā. Selon le Matsya Purāṇa, il naquit du sperme répandu par les radieux Mitra et Varuṇa à la vue de la nymphe Urvaśī. Il a la connaissance parfaite du brahmane [brahmaniṣṭha]. Ses vœux sont exaucés par sa vache d'abondance Nandinī-Śabalā.

Vijayalakṣmī विजयलक्ष्मी est l'une des huit Lakṣmī, qui était la gardienne du trésor de Brahmā. Un jour, elle devint négligente et Brahmā la maudit. « Va chez Rāvaṇa et garde sa tour ». Elle demanda humblement l'absolution de la malédiction. Brahmā répondit : « Au moment de l'incarnation de Rāma राम, un singe-héros nommé Hanumān हनुमान् atteindra Laṅkā à la recherche de la femme de Rāma, kidnappée par Rāvaṇa. Tu lui feras obstacle, et il te frappera. Ce jour-là, tu seras absoute de la malédiction et tu reviendras ici instantanément.». Vijayalakṣmī naquit à Laṅkā sous le nom de Laṅkālakṣmī. Lorsque Hanumān sauta sur Lankā, elle l'en empêcha et il la jeta à terre. (Kaṁpa Rāmāyaṇa, Sundara Kāṇḍa).

Vibhāṇḍaka विभाण्डक Sage [Ṛṣi] qui vivait en ermite et pratiquait les pénitences. Sa semence avait coulé dans l'eau à la vue de l'apsaras Urvaśī. Un fils lui naquit d'une antilope ayant bu l'eau de la rivière. L'antilope était une fille des dieux à laquelle Brahmā avait promis de retrouver une forme humaine si elle donnait naissance, en tant qu'antilope, à un grand saint.

Virāṭ विराट् c'est la Puissance Créatrice ou Nourriture Divine personnifiée, c'est une épithète de Prajāpati, ou première création de Brahmā issue de sa moitié mâle, donnant naissance par sa moitié femelle Śatarūpā à Manu-Svāyaṁbhuva, qui engendra les 10 géniteurs [prajāpati] | En philosophie, c'est le Cosmos manifesté, le support physique de l'Univers. En phonétique, c'est le nom d'un mètre [chandas] védique.

Vaijayanta वैजयन्त nom du mont où se rendit Brahmā pour parler à Śiva de la gloire de Mahāviṣṇu. (Mahābhārata, Śānti Parva, chapitre 350 Dākṣiṇātya Pāṭha). Un jour, un conflit éclata entre Mahāviṣṇu महाविष्णु et Śiva शिव, et Brahmā les apaisa tous les deux. (Mahābhārata, Śānti Parva, chapitre 342, strophe 124).

Vaidhātra वैधात्र issu de Brahmā. | Se dit des 4 (ou 7) sages [Ṛsi] issus de l'esprit de Brahmā pour peupler le Monde. Ils s'appellent Sana, Sanaka, Sanatkumāra et Sanandana. Ils habitent le ciel [loka] Janaloka.

Vyāsa व्यास un jour, Brahmā se rendit à l'ermitage du Sage Vyāsa et lui conseilla de composer le Bhārata et de le propager dans le monde. (Mahābhārata, Ādi Parva, chapitre 55). C'est Brahmā qui donna le nom de poésie à l'œuvre de Vyāsa et employa Gaṇapati comme scribe de Vyāsa. (Mahābhārata, Ādi Parva, chapitre 1, strophe 61).

Śaṅkhacūḍa शङ्खचूड «coiffé d'une conque» asura né d'une malédiction. Par ses pénitences à Badarīnātha, il obtint de Brahmā le bouclier Viṣṇukavaca qui lui assurait l'invincibilité. Il épousa Tulasī (incarnation de Lakṣmī) et commit de nombreux péchés. Viṣṇu demanda à Śiva de le combattre. Il assuma son identité pour se présenter à Tulasī et la ramener à Vaikuṇṭha comme Lakṣmī.

Śarabha शरभ animal fabuleux créé par Brahmā. Ce griffon à 8 pattes, avec de grandes cornes, est plus fort que le lion et l'éléphant, et court à une vitesse prodigieuse. Il vit dans la forêt, au Cachemire, sous la neige. Śiva dut se transformer en śarabha pour mettre fin à la colère de Narasiṁha.

Saṁvatsara संवत्सर année d'un cycle de vie. Il y a 60 saṁvatsarās, les 20 premiers sont dédiés à Brahmā, les 20 suivants à Viṣṇu, les 20 derniers à Śiva. Ces 60 ans correspondent à la conjonction de Jupiter (de période 12 ans) et de Saturne (de période 30 ans). Ils sont personnifiés comme les 60 fils de Nāradī.

Sanakādi सनकादि les 4 sages [Ṛṣi] Éternels. Ils émanèrent de l'esprit de Brahmā pour peupler le Monde. Étant l'incarnation de la pureté [sattva], ils refusèrent de procréer. Éternellement jeunes, abstinents, experts en Veda, ils parcourent ensemble le Monde. Ils demeurent au Ciel [loka] Janaloka. On les représente en écoutant l'enseignement de Śiva-dakṣiṇāmūrti, qui leur enseigna notamment les 14 intervalles phonémiques [śivasūtra].

Les 4 Éternels [sanakādi] issus de l'esprit de Brahmā se nomment comme suit :

Sanaka सनक «l'Antique».

Sanatkumāra सनत्कुमार «Éternellement jeune». Dans la Chāndogyā upaniṣad, Sanatkumāra débat avec le sage Nārada des conditions de l'obtention du bonheur.

Sanandana सनन्दन «Joyeux».

Sana सन vieux ; qui dure longtemps ; ancien — Sana est un sage [Ṛṣi] Sana «l'Ancien».
ou **Sanātana** सनातन éternel, perpétuel, impérissable | ancien, antique — sage [Ṛṣi] Sanātana «Éternel».

Saptarṣi सप्तर्षि les 7 sages ou patriarches védiques. Ils sont les géniteurs [prajāpati] issus de l'esprit de Brahmā pour enfanter le monde. On les associe aux étoiles de la Grande Ourse.

saptarṣīnu ha sma vai pura ṛkṣā ityācakṣate
[Śatapatha Brāhmaṇa]
सप्तर्षीनु ह स्म वै पुर ऋक्षा इत्याचक्षते [शतपथ ब्राह्मण]

(La constellation des) sept sages était en fait
aussi nommée, autrefois, les Ours.

Dans le Mahābhārata, on apprend que les Saptarṣis de l'ère de Svāyaṁbhuva sont : Marīci, Vasiṣṭha, Aṅgirā, Atri, Pulastya, Pulaha et Kratu.
Selon le Śatapatha Brāhmaṇa, ceux de l'ère de Vaivasvata sont : Vasiṣṭha, Kaśyapa, Atri, Jamadagni, Gautama, Viśvāmitra et Bharadvāja.
On liste parfois aussi Agastya, Kaṇva et Bhṛgu. Ils furent sauvés du déluge en s'accrochant à la corne de Viṣṇu-Matsya.

Sādhyagaṇas साध्यगण catégorie de dieux, issus du visage de Brahmā. Brahmā prit la forme d'un cygne et les commanda. (Mahābhārata, Śānti parva, chapitre 229).

Sisṛkṣu सिसृक्षु

désireux de créer, qui veut émettre ; prolifique.
Se dit de Brahmā.

Sunda सुन्द et **Upasunda** उपसुन्द sont des démons [daitya] qui avaient obtenu de Brahmā de ne pouvoir être tués que l'un par l'autre (Mahābhārata, Ādi chapitre 208, strophe 17). Viśvakarmā créa la nymphe Tilottamā selon les instructions de Brahmā. Brahmā lui a donné un bienfait en retour. (Mahābhārata, Ādi Parva, chapitre 211, strophe 23). C'est ainsi que la bellissime Tilottamā sema la zizanie entre les frères Sunda et Upasunda pour qu'ils s'entretuent.

Surabhi सुरभि «La Parfumé», vache céleste d'abondance créée par Dakṣa. Elle est une épouse de Kaśyapa et mère des Rudrās et de Gandharvī. Elle s'incarna sur terre comme Rohiṇī. Brahmā lui accorda une faveur (Mahābhārata, Anuśāsana Parva, chapitre 83, strophe 36).

brāhmaṇān paryupāsīta prātar utthāya pārthivaḥ |
traividyavṛddhān viduṣas tiṣṭhet teṣām ca śāsane ||
[Manu]
ब्राह्मणान् पर्युपासीत प्रातर् उत्थाय पार्थिवः ।
त्रैविद्यवृद्धान् विदुषस् तिष्ठेत् तेषाम् च शासने ॥ [मनु]

Que le prince, levé tôt le matin,
honore les sages brahmanes
instruits dans les trois Védas,
et suive leurs instructions.

Skandakumāra स्कन्दकुमार Selon le Chāndogya Upaniṣad, Skandakumāra est le fils de Brahmā, éternellement jeune [Sanatkumāra], éternellement beau [Sanatsujāta] et insurpassable érudit du Veda. Plus tard, il devient Skanda, né de Śiva et d'Agni.

Skanda स्कन्द jet, jaillissement ; effusion, bondissement ; fait de déborder | mercure ; sperme | Selon le Chāndogya Upaniṣad, Skanda «Garçon jaillissant» est Skandakumāra au départ, le fils de Brahmā, éternellement jeune et insurpassable érudit du Veda. Il apprit à Śiva le pouvoir du praṇava mantra [Oṁ]. | Plus tard, il est évoqué comme

Skanda «Qui jaillit (de la fécondation du Gange par le Feu du sperme de Śiva)». On le dit né d'un jet du sperme de Śiva pénétré d'Agni dans le Gange. Brahmā offrit la peau d'un cerf à Skanda-Subrahmaṇya, qui se rendait au champ de bataille. (Mahābhārata, Śalya Parva, chapitre 46, strophe 52).

Svāyaṁbhuvā स्वायंभुवा relatif à Brahmā-Svayaṁbhu — Svāyaṁbhuva «(issu) de l'Auto-engendré» est le 1er Manu du kalpa. Il engendra les 10 géniteurs [prajāpati].

Svayaṁbhu स्वयंभु «Auto- engendré» ou «Spontané» épithète de Brahmā, le démiurge

Haṁsa हंस Anser indicus, oie sauvage ; cygne | En philosophie, c'est un oiseau mythique. La tradition dit qu'il a le don de séparer le lait de l'eau (c'est-à-dire de discerner la vérité de l'erreur) [nīrakṣīraviveka], et il incarne le pouvoir de discerner la substance essentielle des choses. | Haṁsa est l'oie-monture de Brahmā.

Haṁsavāhana हंसवाहन Celui qui a le cygne comme moyen de transport, Épithète de Brahmā.

Hiraṇyakaśipu हिरण्यकशिपु «Coussin d'or» roi daitya asura. Brahmā le maudit puis, suite à ses pénitences, obtint de Śiva la souveraineté sur les trois mondes pour un million d'années, et de Brahmā, la bénédiction qu'il ne serait tué par aucune sorte d'arme, ni de jour ni de nuit, ni dedans ni dehors, ni par homme ni par bête. (Mahābhārata, Sabhā Parva, chapitre 38, Dākṣiṇātya Pāṭha). Il persécuta alors son fils Prahlāda qui adorait Viṣṇu. Viṣṇu s'incarna alors en Narasiṁha, l'Homme-lion, et jaillit d'un pilier de la véranda de son palais, au crépuscule, pour l'étriper.

Hiraṇyagarbha हिरण्यगर्भ «Embryon d'or», épithète de Brahmā qui engendre l'Univers. | C'est aussi un nom de Sūrya | En philosophie, c'est l'Esprit manifesté.

Hiraṇyapura हिरण्यपुर «Cité d'or», nom d'une ville crée par Brahmā pour les asuras (démons) nommés Kālakeyas. Il les informa qu'elle serait détruite par des mains humaines. (Mahābhārata, Vana Parva, chapitre 173, strophe 11).

Hiraṇyaśṛṅga हिरण्यशृङ्ग de la montagne Hiraṇyaśṛṅga, près du lieu saint Bindusaras. À la fin des mille yugas, Brahmā y accomplit un grand sacrifice au sommet (Mahābhārata, Sabhā Parva, chapitre 3, strophe 15).

devo’smi nacānyo’smi I
brahmaivāham na śokabhāk I
saccidānandarūpo’ham I
nityamuktasvabhāvavān II [Nityakarmā]
देवोऽस्मि नचान्योऽस्मि ।
ब्रह्मैवाहम् न शोकभाक् ।
सच्चिदानन्दरूपोऽहम् ।
नित्यमुक्तस्वभाववान् ॥ [नित्यकर्मा]

Je ne suis ni Dieu ni autre ;
pareil au brahman, je ne ressens de peine ;
je suis existence, conscience et joie ;
ma nature propre est d’être éternellement libérée.

Conclusion

Dans la littérature, les **Upaniṣad** उपनिषद् sont connues comme des leçons philosophiques dont les 13 plus anciennes datent de l'époque védique.

Upaniṣad उपनिषद्

upa उप préfixe : près de, vers, proche, contigu ;
préfixe d'hommage ;
préfixe de nom de cadet, junior.

niṣad निषद् assis tranquillement ;
assis auprès de (notamment autel) ;
littérature : se dit d'un style de composition.

«Assis près (du maître)»

Les Upaniṣad sont des leçons, des sessions d'initiation, des enseignements secrets. Ces mystères cachés sont enseignés «Assis près (du maître)».

Upaniṣad signifie aussi la connexion, l'interconnexion (notamment entre le microcosme et le macrocosme).

Ajoutons maintenant la puissance de Durgā, la śakti शक्ति.

On arrive au mot **Upaniṣacchakti**...

Upaniṣacchakti उपनिषच्छक्ति

Śakti d'Upaniṣad

Puissance d'interconnexion
entre le microcosme et le macrocosme

talent mystérieux du poète.

<u>X-facteur</u>

**Cette upaniṣacchakti, ce X-facteur de Durgā
présent en toute création de Brahmā,**

**cette puissance d'interconnexion
entre le macrocosme et le microcosme,**

ce talent mystérieux qui sommeille en tout être,

**ne demanderait-il pas à s'exprimer sur Terre
en ces temps de grandes transformations cosmiques ?**

yo asyādhyakṣaḥ parame vyomaniso
aṅga veda yadi vā na veda
[Ṛgveda Saṁhitā] (Nāsadīyasūkta, Hymne de Création)
यो अस्याध्यक्षः परमे व्योमनिसो अङ्ग वेद यदि वा न वेद
[ऋग्वेद संहिता] (नासदीयसूक्त)

Lui, le spectateur (de cette Création)
au plus haut des Cieux, le sait sans doute ;

ou peut-être, même Lui, ne le sait pas ?...

jaya जय

victoire, conquête

jayatu saṁskṛtaṁ jayatu manukulam
जयतु संस्कृतं जयतु मनुकुलम्

La victoire du sanskrit
est la victoire de l'humanité.

Oṁ Sarasvatībrahmāve namaḥ
ॐ सरस्वतीब्रह्मावे नमः

Salutations à Toi, Sarasvatī-Brahmā !

Lire et écrire le Sanskrit
L'alphabet sanskrit

saṁskṛtasya sevanaṁ saṁskṛtāya jīvanam ।
lokahitasamṛddhaye bhavatu tanusamarpaṇam ॥
संस्कृतस्य सेवनं संस्कृताय जीवनम् ।
लोकहितसमृद्धये भवतु तनुसमर्पणम् ॥

Servons le sanskrit, vouons notre vie au sanskrit,
dévouons-nous à améliorer le bien-être du monde.

Les voyelles

a ā	**i ī**	**u ū**	**ṛ**	**e ai**	**o au**
अ आ	इ ई	उ ऊ	ऋ	ए ऐ	ओ औ

Les consonnes

1. gutturales	2. palatales	3. cérébrales
k kh **g** gh ṅ	**c** ch **j** jh ñ	ṭ ṭh ḍ ḍh ṇ
क ख ग घ ङ	च छ ज झ ञ	ट ठ ड ढ ण
4. dentales	5. labiales	6. semi-voyelles
t th **d** dh **n**	**p** ph **b** bh **m**	**y r l v**
त थ द ध न	प फ ब भ म	य र ल व
7. sifflantes ou sibilantes		8. aspirée
ś ṣ **s**		**h**
श ष स		ह

Les syllabes simples

les consonnes ↓ | les voyelles ⟷

	a ā अ आ	i ī इ ई	u ū उ ऊ	ṛ ऋ	e ai ए ऐ	o au ओ औ
k	क का	कि की	कु कू	कृ	के कै	को कौ
kh	ख खा	खि खी	खु खू	खृ	खे खै	खो खौ
g	ग गा	गि गी	गु गू	गृ	गे गै	गो गौ
gh	घ घा	घि घी	घु घू	घृ	घे घै	घो घौ
ṅ	ङ ङा	ङि ङी	ङु ङू	ङृ	ङे ङै	ङो ङौ
c	च चा	चि ची	चु चू	चृ	चे चै	चो चौ
ch	छ छा	छि छी	छु छू	छृ	छे छै	छो छौ
j	ज जा	जि जी	जु जू	जृ	जे जै	जो जौ
jh	झ झा	झि झी	झु झृ	झू	झे झै	झो झौ
ñ	ञ ञा	ञि ञी	ञु ञू	ञृ	ञे ञै	ञो ञौ
ṭ	ट टा	टि टी	टु टू	टृ	टे टै	टो टौ
ṭh	ठ ठा	ठि ठी	ठु ठू	ठृ	ठे ठै	ठो ठौ
ḍ	ड डा	डि डी	डु डू	डृ	डे डै	डो डौ
ḍh	ढ ढा	ढि ढी	ढु ढू	ढृ	ढे ढै	ढो ढौ
ṇ	ण णा	णि णी	णु णू	णृ	णे णै	णो णौ

	a ā	i ī	u ū	ṛ	e ai	o au
	अ आ	इ ई	उ ऊ	ऋ	ए ऐ	ओ औ
t	त ता	ति ती	तु तू	तृ	ते तै	तो तौ
th	थ था	थि थी	थु थू	थृ	थे थै	थो थौ
d	द दा	दि दी	दु दू	दृ	दे दै	दो दौ
dh	ध धा	धि धी	धु धू	धृ	धे धै	धो धौ
n	न ना	नि नी	नु नू	नृ	ने नै	नो नौ
p	प पा	पि पी	पु पू	पृ	पे पै	पो पौ
ph	फ फा	फि फी	फु फू	फृ	फे फै	फो फौ
b	ब बा	बि बी	बु बू	बृ	बे बै	बो बौ
bh	भ भा	भि भी	भु भू	भृ	भे भै	भो भौ
m	म मा	मि मी	मु मू	मृ	मे मै	मो मौ
y	य या	यि यी	यु यू	यृ	ये यै	यो यौ
r	र रा	रि री	रु रू	रृ	रे रै	रो रौ
l	ल ला	लि ली	लु लू	लृ	ले लै	लो लौ
v	व वा	वि वी	वु वू	वृ	वे वै	वो वौ
ś	श शा	शि शी	शु शू	शृ	शे शै	शो शौ
ṣ	ष षा	षि षी	षु षू	षृ	षे षै	षो षौ
s	स सा	सि सी	सु सू	सृ	से सै	सो सौ
h	ह हा	हि ही	हु हू	हृ	हे है	हो हौ

Les ligatures usuelles

Consonnes seules

k kh **g** gh ṅ   **c** ch **j** jh ñ   ṭ ṭh ḍ ḍh ṇ   **t** th **d** dh **n**
क् ख् ग् घ् ङ्   च् छ् ज् झ् ञ्   ट् ठ् ड् ढ् ण्   त् थ् द् ध् न्

p ph **b** bh **m**   **y r l v**   ś ṣ **s h**
प् फ् ब् भ् म्   य् र् ल् व्   श् ष् स् ह्

Consonne suivie d'une ou deux consonnes

kt ky kr kṣ kṣm
क्त क्य क्र क्ष क्ष्म
gn gy gr ghn ghr
ग्न ग्य ग्र घ्न घ्र
ṅk ṅkh ṅg
ङ्क ङ्ख ङ्ग

cy cch chy   jñ   ñc ñj
च्य च्छ छ्य   ज्ञ   ञ्च ञ्ज

ṇt ṇḍ ṇy
ण्त ण्ड ण्य

tk tt tr tth tp ty tr try ts   thy
त्क त्त त्र त्थ त्प त्य त्र त्र्य त्स   थ्य
dm dy dr dv dhr dhy dhv

द्म द्य द्र द्व ध्र ध्य ध्व

nt ntr nth nd ndr ndh nn nm ny

न्त न्त्र न्थ न्द न्द्र न्ध न्न न्म न्य

pt py pr

प्त प्य प्र

br by bhr bhy

ब्र ब्य भ्र भ्य

mp mb mbh my mr

म्प म्ब म्भ म्य म्र

rb rbh rc rch rd rdh rḍ rḍh rg rgh rh rj rjh rk rkh rm

र्ब र्भ र्च र्छ र्द र्ध र्ड र्ढ र्ग र्ध र्ह र्ज र्झ र्क र्ख र्म

rn rṅ rṇ rñ rp rph rr rs rṣ rś rt rth rṭ rṭh rv

र्न र्ङ र्ण र्ञ र्प र्फ र्र र्स र्ष र्श र्त र्थ र्ट र्ठ र्व

vy vr yy yr

व्य व्र य्य य्र

śr śv śk śy śc

श्र श्व श्क श्य श्च

ṣt ṣth ṣṇ ṣp ṣy ṣr

ष्त ष्थ ष्ण ष्प ष्य ष्र

sk st str sty

स्क स्त स्त्र स्त्य

stv sth sp

स्त्व स्थ स्प

sm sy sr sv

स्म स्य स्र स्व

hm hy hr jñ jy jr

ह्म ह्य ह्र ज्ञ ज्य ज्र

amarabhāratī

अमरभारती

Sanskrit, le langage éternel.

La prononciation

Voyelles

- **a** : comme «m**a**» léger
- **ā** : comme «**â**tre» deux fois plus long
- **i** : comme «**i**l»
- **ī** : comme «**i**l» deux fois plus long
- **u** : comme «d**oux**»
- **ū** : comme «d**oux**» deux fois plus long
- **ṛ** : comme «r» comme l'anglais «b**ri**ng»
- **ḷ** : comme l'anglais «bott**le**»
- **e** : comme «**é**té»
- **ai** : comme «**œil**»
- **o** : comme «m**o**t»
- **au** : comme **o** léger suivi de «**w**»

Consonnes

- **ḥ** : comme «a**ha**»
- **ṁ** : nasalisation de la voyelle précédente

- **k** : comme «**c**anopé»
- **kh** : comme «sa**c**» suivi d'un «**h**» marqué
- **g** : comme «**g**aieté»
- **gh** : comme «**g**» suivi d'un «**h**» marqué
- **ṅ** : comme l'anglais «livi**ng**»
- **c** : comme «**tch**in» ; **ch** : avec «**h**» marqué

- **j** : comme «**j**ean» ; **jh** : avec «**h**» marqué
- **ñ** : comme «monta**gn**e»

- **ṭ** : comme «**t**a», mais avec la langue placée haut contre le palais ; **ṭh** : avec «**h**» marqué
- **ḍ** : comme «**d**ada», mais avec la langue placée haut contre le palais ; **ḍh** : avec «**h**» marqué
- **ṇ** : comme «**n**e», mais avec la langue placée haut contre le palais

- **t** : comme «**t**a» ; **th** : avec «**h**» marqué
- **d** : comme «**d**ans» ; **dh** : avec «**h**» marqué
- **n** : comme dans «**n**ature»
- **p** : comme «**p**as» ; **ph** : avec «**h**» marqué
- **b** : comme «**b**aba» ; **bh** : avec «**h**» marqué

- **m** : comme «**m**at»
- **y** : comme «**y**oga»
- **r** : comme «**r**at», mais roulé
- **l** : comme «**l**aver»
- **v** : comme «**oua**h»

- **ś** : comme «**ch**at»
- **ṣ** : comme «**ch**at», mais avec la langue placée haut contre le palais
- **s** : comme «**s**ac»
- **h** : comme l'anglais «a**h**a»

Livres édités par la Ville en Rose

<u>Du même auteur</u> edite भारत antónio

enfant des étoiles

Quand j'étais enfant, je n'aimais pas l'école.
Alors je suis devenue prof.
Quand j'étais prof, je n'aimais pas l'école.
Alors je suis devenue auteure.
Quand je suis auteure, je suis libre.
Alors je rêve de l'école que j'aime.
L'École de la Vie.

Deviens Oṁ... pour être Homme (Tome 1 / 2)

Bienvenue dans le royaume du cœur, avec des citations à méditer, le sanskrit à découvrir et un voyage intérieur à vivre.
Avec *<u>enfant des étoiles</u>*, l'auteur raconte, avec sa vision d'enfant, son monde adulte. Dans cette nouvelle collection, *<u>Deviens Oṁ</u>*, elle raconte, avec sa vision d'adulte, son monde d'enfant ॐ.

Sacré Sanskrit ! contes et légendes (Tome 1)

Bienvenue au pays des héros, des centaures et des nymphes. *<u>Sacré Sanskrit !</u>* réconcilie la vision d'enfant avec celle de l'adulte.

Durgā karuṇā (ou la Compassion de la Déesse)(Tome 1)

La compréhension des archétypes universels au travers d'une danse cosmique époustouflante, c'est l'essence de *<u>Durgā karuṇā</u>* un nouvel élan sanskrit qui explore les confins de la conscience humaine.

<u>À paraître bientôt</u>

Karma yoga (Tome 1)

Sacré Sanskrit ! contes et légendes (Tome 2)

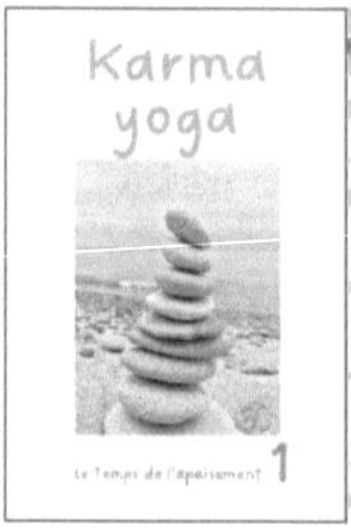

D’autres auteurs

Les Aventures de Moustachette

Katia Chapka est une jeune chatte siamoise fleuriste la journée.
Mais la nuit tombée, elle s’habille de son costume de Moustachette pour combattre l’injustice…

Tome 1
Le trésor de
la Reine Axolotl

Tome 2
La cité volante

Le livre dont tu es le héros

Tu devras résoudre des énigmes pour avancer dans ce Livre Dont Tu Es Le Héros. L’Aventure, le Mystère et l’Amour seront au rendez-vous.

Au fait, sais-tu que…

Ce petit livre aux informations étonnantes montre un autre chemin, un autre possible de compréhension.

Remerciements

Je remercie la Grande Vie que Je Suis :

ॐ शिवायै नमः ॐ उमायै नमः ॐ रमायै नमः

अकृष्टा माषा, अगस्त्यः, अगस्त्यो मैत्रावरुणिः, अगस्त्य स्वसा एषां माता, अग्न्यो (धिष्ण्या) ऐश्वराः, अग्निः, अग्निश् चाक्षुषः, अग्निस् तापसः, अग्निः पावकः, अग्नियुतः स्थौरोऽग्नि यूपो वा स्थौर, अग्नि वरुण सोमानां निहवः, अग्निः सौचीकः, अग्निः सौचीको वैश्वानरो वा सप्तिर् वा वाजम्भरः, अघमर्षणो माधुच्छन्दसः, अङ्ग औरवः, अत्रिर् भौमः, अनानतः पारुच्छेपिः, अनिलो वातायनः, अपाला आत्रेयी, अप्रतिरथ ऐन्द्रः, अभितपाः सौर्यः, अभीवर्तः, अमहीयुः, अम्बरीष ऋजिश्वा च, अंहोमुग् वामदेव्यः कुल्मलबर्हिषः शैलूषिः, अयास्यः, अरिष्टनेमिस् तार्क्ष्यः, अरुणो वैतहव्यः, अर्चनाना आत्रेयः, अर्चन् हैरण्यस्तूपः, अर्बुदः काद्रवेयः सर्पः, अवत्सारः, अवत्सारः काश्यपः अन्ये च दृष्टलिङ्गाः, अवस्युर् आत्रेयः, अष्टको वैश्वामित्रः, अष्टादंष्ट्रो वैरूपः असितः काश्यपो देवलो वा असितः काश्यपः, आत्मा, आयुः काण्वः, आसंगः प्लायोगिः, इटो भार्गवः, इध्मवाहो दार्ढच्युतः, इन्द्रः, इन्द्राणी, इन्द्र प्रमतिर् वासिष्ठः, इन्द्र मातरो देवजामयः, इन्द्रो मुष्कवान्, इन्द्रो वैकुण्ठः, इन्द्र वसुक्रयोः संवादः ऐन्द्रः, इरिम्बिठिः काण्वः, इष आत्रेयः, उचथ्यः, उत्कीलः कात्यः, उपमन्युर् वासिष्ठः, उपस्तुतो वार्ष्टिहव्यः, उरु, उरुक्षय आमहीयवः, उरुचक्रिर् आत्रेयः, ऊर्ध्वग्रावार्बुदः, ऊर्ध्वसद्मा, उर्वशी, उलो वातायनः, उशना, उशना काव्यः, ऋणञ्चयः, ऋजिश्वा, ऋषभो वैराजः शाक्वरो वा, ऋषभो वैश्वामित्रः, ऋष्यशृङ्गः, एवयामरुद् नौधसः, एतशः, एवयामरुद् आत्रेयः, कक्षीवान् (दैर्घतमस औशिजः), कक्षीवान् दैर्घतमस औशिजः, कण्वो घोरः, कतो वैश्वामित्रः, कपोतो नैर्ऋतः, कर्णश्रुद् वासिष्ठः, करिक्रतः, कलिः प्रागाथः, कवष ऐलूषः, कवष ऐलूष अक्षो वा मौजवान् अक्ष कितवनिन्दा, कविः, कविर् भार्गवः, कश्यपः, कश्यपो मारीचिपुत्रः (मारीचः), कण्वः, कुत्स आङ्गिरसः, कुमार आत्रेयो वृशो वा जान उभौ वा, कुमारो यामायनः, कुरुसुतिः काण्वः, कुशिकः सौभरो, रात्रिर् वा भारद्वाजी, कुसीदी काण्वः, कूर्मो गार्त्समदो गृत्समदो वा, कृतयशाः, कृत्नुर् भार्गवः, कृशः काण्वः, कृष्णः, कृष्णो दुपुत्रिको वा प्रियमेधो वा वासिष्ठः, कृष्णो विश्वको वा कार्ष्णिः, केतुर् आग्नेयः, गयः प्लातः, गर्गः, गातुर् आत्रेयः, गाथी कौशिकः, गृत्समदः शौनकः, गृत्समदः आङ्गिरसः शौनहोत्रो भार्गवः, गोतमः, गोतमो राहूगणः, गोधा, गोपवन आत्रेयः, गोपवन आत्रेयः सप्तवध्रिर् वा, गोषूक्ति अश्वसूक्तिनौ काण्वायनौ, गौरिवीतिः, गौरिवीतिः शाक्त्यः, घर्मः सौर्यः, घोषा काक्षीवती, चक्षुर् मानवः, चक्षुः सौर्यः, चित्रमहा वासिष्ठः, जमदग्निः, जमदग्निर् भार्गवः, जमदग्नी रामो वा, जयः, जरिता, जुहूर् ब्रह्मजाया ऊर्ध्वनाभा वा ब्राह्मः, जूतिः, जेता माधुच्छन्दसः, तपुर्मूर्धा बार्हस्पत्यः, तान्वः पार्थ्यः, तिरश्चीर् आंगिरस, त्र्य ऋषिगणाः, त्र्यरुणस् त्रैवृष्ण त्रसदस्युः पौरुकुत्स्यः, त्र्यरुणस् त्रैवृष्णस् त्रसदस्युश्च पौरुकुत्सः अश्वमेधश्च भरतो ऽत्रिर् वा, त्रसदस्युः पौरुकुत्सः, त्रितः, त्रित आप्त्यः, त्रित आप्त्यः कुत्सो वा आंगिरसः त्रित आप्त्यः, त्रिशिरास् त्वाष्ट्रः, त्रिशिरास् त्वाष्ट्रः सिन्धुद्वीपो वा अम्बरीषः, त्रिशोकः काण्वः, त्वष्टा गर्भकर्ता विष्णुर् वा प्राजापत्यः, दमनो यामायनः, दिव्यो दक्षिणा वा प्रजापत्याः, दीर्घतमा औचथ्यः, दुवस्युर् वान्दनः, दृळ्हच्युतः आगस्त्यः, देवमुनिर् ऐरम्मदः, देवाः, देवापिर् आर्ष्टिषेणः, देवश्रवा देववातश्च भारतौ, देवश्रवा यामायनः, देवातिथिः काण्वः, द्युतानो मारुतः तिरश्चीर् द्युतानो वा मारुतः, द्युम्नो विश्वचर्षणिः, द्रोणः, द्वित आप्त्यः, द्वितो मृक्तवाहा आत्रेयः, धरुण आङ्गिरसः, ध्रुवः, नभः प्रभेदनो वैरूपः, नरः, नहुषो मानवः, नाभाक काण्वः, नाभाकः काण्व अर्चनाना वा, नाभानेदिष्ठो मानवः, नारदः काण्वः, नारायणः, निध्रुविः काश्यपः, नीपातिथिः काण्वः, नृमेधः, नृमेध पुरुमेधौ, नेमो भार्गवः, नोधा, नोधा गौतमः, पणयः असुराः, पतङ्गः प्राजापत्यः, पराशरः शाक्त्यः, परुच्छेपो दैवोदासिः, पर्वत काण्वः, पर्वत नारदौ, तर्वत नारदौ द्वे शिखण्डिन्यौ वा काश्यपी अप्सरसौ, पवित्रः, पवित्रो वसिष्ठो वा उभौ वा, पायुः, पायुर् भारद्वाज, पुनर्वत्सः काण्वः, पुरुमीळ्ह अजमीळ्हौ सौहोत्रौ, पुरुरवा ऐळः, पुरुहन्मा, पुष्टिगुः काण्वः, पूरणो वैश्वामित्रः, पूरुर् आत्रेयः, पृथुर् वैन्यः, पृश्नयः अजाः, पृषध्रः काण्वः, पौर आत्रेयः, प्रगाथो घौरः काण्वो वा, प्रगाथः काण्वः प्रचेताः, प्रजापतिः, प्रजापतिः परमेष्ठी, प्रजापतिर् वाच्यः, प्रजापतिर् वैश्वामित्रः प्रजापतिः, प्रजापतिर् वैश्वामित्रो वाच्यो वा, प्रजावान् प्राजापत्यः, प्रतर्दनः काशिराजः, प्रतर्दनो दैवोदासिः, प्रतिक्षत्र आत्रेयः, प्रतिप्रभ आत्रेयः, प्रतिभानुर् आत्रेयः, प्रतिरथ आत्रेयः, प्रथो वासिष्ठः, प्रध्वी मुषपावाभिः, प्रभूवसुः, प्रभूवसुर् आंगिरस, प्रयस्वन्त आत्रेयाः, प्रियमेध आंगिरसः प्रियमेधः, प्रियमेधः, प्रयोगो भार्गव अग्निर् वा पावको बार्हस्पत्यः अथवाग्नी गृहपति यविष्ठौ सहसः सुतौ, तयोर् वा अन्यतरः, प्रस्कण्वः, प्रस्कण्वः काण्वः, frédéric, बन्धुः, सुबन्धुः श्रुतबन्धुर् विप्रबन्धुश्च गौपायनाः, बभ्रुर् आत्रेयः, बरुः सर्वहरिर् वा ऐन्द्रः, बाहुवृक्त आत्रेयः, बिन्दुः, बिन्दुः पूतदक्षो वा, बुधगविष्ठिरो आत्रेयौ, बुधः सौम्यः, बृहद्दिव आथर्वणः, बृहस्पतिर् वा लौक्य अदितिर् वा दाक्षायणी, ब्रह्मातिथिः काण्वः, भरद्वाजः, भरद्वाजो बार्हस्पत्यः, भरद्वाजो बार्हस्पत्यः वीतहव्यो वा, भर्गः प्रागाथः,

भागध्यः, भिक्षुः, भिषग् आथर्वणः, भुवन आप्त्यः साधनो वा भौवनः, भूतांशः काश्यपः, भृगुर् वारुणिः जमदग्निर् भार्गवो वा, मत्स्यः सांमदो मान्यो वा मैत्रावरुणिर् बहवो वा मत्स्या जालनद्धाः, मथितो यामायनो भृगुर् वा वारुणिः च्यवनो वा भार्गवः, मधुच्छन्दा, मधुच्छन्दा वैश्वामित्रः, मनुर् आप्सवः, मनुस् तापसः, मनुर् वैवस्वतः, मनुः सांवरणः, मन्युर् वासिष्ठः, मय आत्रेयः, मातरिश्वा काण्वः, मान्धाता यौवनाश्वः, मुद्गलो भार्म्यश्वः, मूनयो वातरशनाः, मूर्धन्वान् आंगिरसो वामदेव्यो वा, मृळीको वासिष्ठः, मेधातिथिः, मेधातिथिः काण्वः, मेधातिथिः काण्वः प्रियमेधश्च आंगिरसः, मेधातिथिः मेध्यातिथी काण्वौ, मेध्यः काण्वः, मेध्यातिथिः, मेध्यातिथिः काण्वः, यक्ष्मनाशनः प्राजापत्यः, यज्ञः प्राजापत्यः, यजत आत्रेयः, यमः, यमी, ययातिर् नाहुषः, रक्षोहा ब्राह्मः, रहूगणः, रातहव्य आत्रेयः, रेणुः, रेणुर् वैश्वामित्रः, रेभः काश्यपः, रेभसूनू काश्यपौ, रोमशा ब्रह्मवादिनी, लब ऐन्द्रः, लुशो धानाकः, लोपामुद्रा अगस्त्यो रतिः, वत्स आग्नेयः, वत्सः काण्वः, वत्सप्रिः, वत्सप्रिर् भालन्दनः, वम्रो वैखानसः, वव्रिर् आत्रेयः, वशोऽश्व्यः, वसिष्ठः, वसिष्ठः कुमारो वा आग्नेयः, वसिष्ठपुत्राः, वसिष्ठः शक्तिर्वा, वसुकर्णो वासुक्रः, वसुक्रः, वसुक्र ऐन्द्रः, वसुमना रौहिदश्वः, वसुर् भारद्वाजः, वसुश्रुत आत्रेयः, वसूयव आत्रेयाः, वागाम्भृणी, वातजूतिः, वामदेवो गौतमः, वामदेवः गौतमः यमी वैवस्वती, वामदेवः गौतमः यमो वैवस्वतः, विप्रजूतिः, विभ्राट् सौर्यः, विमद ऐन्द्रः वसुकृद्वा वासुक्रः, विरूपः, विरूप आङ्गिरसः, विवस्वान् आदित्यः, विवृहा काश्यपः, विश्वकर्मा भौवनः, विश्वमना वैयश्वः, विश्वमना वैयश्व व्यश्वो वा आङ्गिरसः, विश्वसामा आत्रेयः, विश्वामित्रः, विश्वामित्रो गाथिनः, विश्वामित्रो गाथिनः कुशिको ऐषिरथी वा, विश्वामित्र जमदग्नी, विश्वामित्रो जमदग्निर् वा, विश्ववारा आत्रेयी, विश्वावसुर् देवगन्धर्वः, विहव्यः, वृशो जारः, वृषगणो वासिष्ठः, वृषाकपिर् ऐन्द्र इन्द्राणीन्द्रश्च, वृषागिरो महाराजस्य पुत्रभूता वार्षागिरा ऋज्राश्व अम्बरीष सहदेव भयमान सुराधसः, वृषाणकः, बृहदुक्थो वामदेव्यः, बृहन्मतिः, बृहस्पतिः, वेनः, वेनो भार्गवः, व्याघ्रपाद् वासिष्ठः, शकपूतो नार्मेधः, शक्तिः, शक्तिर् वासिष्ठः, शची पौलोमी, शत वैखानसः, शतप्रभेदनो वैरूपः, शबरः काक्षीवतः, शश्वती अङ्गीरसस्य पत्नी, शार्ङ्गाः, शार्यातो मानवः, शासो भारद्वाजः, शिरिम्बिठो भारद्वाजः, शिबिर औशीनरः, शिशुः, शुनःशेप आजीगर्तिः, शुनःशेप आजीगर्तिः शुनःशेपः आजगर्तिः कृत्रिमो देवरातो वैश्वामित्रः, शुनःशेप आजीगर्तिः शुनःशेप आजीगर्तिः कृत्रिमो वैश्वामित्रः देवरातः, शुनहोत्रः, शशकर्णः काण्वः, शंखो यामायनः, शंयुर् बार्हस्पत्यः, शंयुर् बार्हस्पत्यः भारद्वाजः बार्हस्पत्यः, शंयुर् बार्हस्पत्यः मेधातिथिः काण्वः, श्यावाश्वः, श्यावाश्व आत्रेयः, श्येन आग्नेयः, श्रद्धा कामायनी, श्रुतकक्ष आंगिरसः श्रुतकक्षः सुकक्षो वा, श्रुतिविद् आत्रेयः, श्रुष्टिगुः काण्वः, सत्यधृतिर् वारुणिः, सत्यश्रवा आत्रेयः, सदापृण आत्रेयः, सध्वंसः काण्वः, सध्रिर् वैरूपो धर्मो वा तापसः, सप्तर्षयः, सप्तर्षयः एकर्चाः, सप्तगुः, सप्तवध्रिर् आत्रेयः, सप्रथो भारद्वाजः, सरमा देवशुनी, सव्य आंगिरसः, सस आत्रेयः, सार्पराज्ञी, सिकता निवावरी, सिन्धुक्षित् प्रैयमेधः, सुकक्षः श्रुतकक्षः सुकक्षश्रुतकक्षौ, सुकक्षः सुकक्षः श्रुतकक्षः, सुकक्षः श्रुतकक्ष सुकक्षो वा आंगिरसः, सुकक्षः श्रुतकक्ष सुकक्षो वा आंगिरसः, सुकीर्तिः काक्षीवतः, सुतम्भर आत्रेयः, सुदाः पैजवनः, सुपर्णः तार्क्ष्यपुत्र ऊर्ध्व कृशनो वा यामायनः, सुमित्रो दुर्मित्रो वा कौत्सः, सुमित्रो वाध्र्यश्वः, सुहस्त्यो घौषेयः, सुनुर् आर्भवः, सुवेदाः शैरीषिः, सुदिति पुरुमीळ्हौ तयोर्वा अन्यतरः, सुपर्णः काण्वः, सुहोत्रः, सूर्या सावित्री, सोभरिः काण्वः, संकुसुको यामायनः, संवरण प्राजापत्यः, संवर्त आंगिरसः संवर्त, संवननः, स्तम्बमित्रः, स्यूमरश्मिर् भार्गवः, स्वस्ती आत्रेयः, हरिमन्तः, हविर्धान आङ्गिः, हर्यतः प्रागाथः, हिरण्यगर्भः प्राजापत्यः, हिरण्यस्तूपः, हिरण्यस्तूप आंगिरसः

ब्रह्मा सरस्वती शिव पार्वती विष्णु लक्ष्मि ज्योतिस् उपरति सत्य शरलता प्रेम अपरिग्रह मङ्गल संपद् स्वात्मविज्ञान श्रद्धा आदित्यहृदय अस्तेय ऋद्धि तितिक्षा ब्रह्मचर्य दम अहिंसा जगत् शम हनुमान् केशरी अञ्जना राम सीता शनि राहु

बृहस्पति प्रजापति रोहिणी अश्विनौ दिशस् श्रीरावण जाम्बवान् त्रिशङ्कु रघु विश्वामित्र हिमवान् मेना भीष्म अम्बा नन्दिनी शबल नारद दीर्घतमा सुदेष्णा प्रद्वेषी निषाद द्रोण वेन मित्रवरुण उर्वशि अगस्ति वशिष्ठ अरुन्धती शक्ति अदृश्यन्ती पराशर सत्यवती व्यास शुक भ्रामरी दुर्वासा चन्द्र दत्तत्रेय अत्रि अनसूया कल्कि वैष्णवी

हरिहरपुत्र शास्ता मोहिनी नरसिंह कीर्तिमुख बृगु ऋषि और्व दवहूति कर्दम कपिल कुमार मनु प्रह्लाद जनक स्यमन्तक कृष्ण राधा अनन्त शेष कैलास भारत श्री सोमबरि

वामदेव प्रतिष्ठा तत्पुरुष शान्ति अघोर विद्या सद्योजात निवृत्ति ईशान सान्त्यतीत सदाशिव

भू नर नारायण भुवर् सिद्ध स्वर्ग महर्लोक जनलोक सनकादि सनत्कुमार सन सनक सनन्दन सनातन तपर्लोक वैरागिन् सत्यलोक ॐ

वायु पृथिवी अग्नि आदित्य चन्द्र द्यौ अन्तरिक्ष नक्षत्राणि आप मित्र अर्यमा भग दक्ष अंश त्वष्टा विश्वकर्म पूषा विवस्वान् सविता शक्र इन्द्र अहल्या द्रौपदी कुन्ती तारा मन्दोदरी श्री महामुनि श्री विष्णु दुत्त् शश्लि श्री मुनिराजा महाराजा श्री औरोबिन्दो श्री वसिष्ठ गणपति श्री बाणा भट्ट

अप्सर गन्धर्वा किम्पुरुषा किन्नरा यक्षा गुह्यका ईशान इन्द्र देव अग्नि यम सूर्य वरुण वरुणी चर्षणि मरुत् मृगव्याध सर्प निर्ऋति अजेकपाद् अहिर्बुध्न्य पिनाकिन् दहन ईश्वर रुद्र कपाली स्थाणु भग मातरिश्वा शर्वरास् कुबेर चार्वी ऋद्धि मीनीक्षी खर्व शङ्ख महापद्म पद्म नील नन्द कच्छप मकर मुकुन्द प्राण वह मेघ सप्तमेघ प्रलय

बोलो श्री हैराखण्डि भगवान् की जय परम् गुरू श्री महेन्द्र महाराजा की जय अतल् क्षेत्र श्री हैराखण् विशव महधाम् की जय काशि के श्री पुरारि नाथ् श्री कालभैरव की जय जग्दम्बे मात की जय ऋद्धि हैराखण्डेश्वरि मात की जय बजरङ्गबली की जय सनातन् धर्म की जय धर्म की जय् हो अधर्म का नाश् हो प्रानियोन् मेन् सद्भाव्न हो विश्व का कल्यान् हो गौतमी गङ्गे हर् नर्मदे हर् जता शङ्कारे हर् ॐ नमो पार्वती पते हर् हर हर ॐ श्री सद्गुरू साम्ब् सदा शिव शङ्कार हरि ॐ

दुर्गा काली गङ्गा स्कन्द गणेष वृषभ वामन पुष्करचूड अपराजित भद्र विरूपाक्ष महापद्म सौमनस सार्वभौम अङ्गमा सुप्त्रीक अञ्जनवति ऐरावत अभ्रमु पुण्डरीक कपिला वामन पिङ्गल कुमुद अनुपमा अञ्जन ताम्रकर्णि पुष्पदन्त शुभ्रदन्ती नगा मातङ्गी करीन्द्र ऐरावत भद्रमता इरावती श्वेतरश्मि महामये नमो नमः

जय महामाया की जय ! जय सनातन धर्म की जय ! जय विश्व !

दुर्गा मन्त्र

ॐ सर्वमङ्गल मङ्गल्ये
शिवे सर्वार्थ् साधिके
शरण्ये त्र्यम्बके गौरि
नारायणि नमोस्तुते

सृष्टि स्थिति विनाशनं
शक्ति भूते सनातनि
गुणाश्रये गुणमये
नारायणि नमोस्तुते

शरणागत् दीनार्त्
परित्राण् परायणे
सर्वस्यार्ति हरे देवी
नारायणि नमोस्तुते

काली काली माहकाली
कालिके पाप् हारिनि
धर्म काम् प्रदे देवी
नारायणि नमोस्तुते

काली काली माहकाली
कालिके पाप् हारिनि
सर्व विघ्न हरे देवी
नारायणि नमोस्तुते

जयन्ती मङ्गल काली
भद्रकाली कपालिनी
दुर्गा क्षमा शिवा धात्रि
स्वाहा स्वधा नमोस्तुते

जय त्वम् देवी चामुण्डे
जय भूतार्ती हरिणी
जय सर्वगते देवी
कालरात्रि नमोस्तुते